転型期自治体の発想と手法

松下　圭一

地方自治土曜講座ブックレットNo.60

1　新地方自治法で変わるか

二〇〇〇年四月一日

新地方自治法ともいうべき地方自治法大改正の施行日である二〇〇〇年四月一日は、自治体をめぐって、明治憲法制定期、また敗戦による戦後改革につぐ、第三の改革の日とみなされてきました。しかし、この四月一日は、機関委任事務の廃止からくる通達の失効について内閣ないし省庁からの通告もなく、旧通達はいわば旧来どおりであるかのように、自治体の各職場は何の変わりもなくすぎていきました。また第三の改革とうたわれながらも地方六団体による祝典もひらかれていません。各自治体でも今回の大改正について、事前の職員むけ、あるいは長・議員むけの研修や研究の会合もあまりひらかれておりません。おおくの自治体関係者は、一般の市民と同じく新聞やテレビのレベルでのニュースや解説の情報で、この四月一日をむかえたのでした。

歓迎されざる改革だったからでしょうか。たしかに、分権改革は省庁官僚だけでなく、これに寄生した族議員をふくめた既得権の喪失にやがてつらなります。それとも、《自治》にたいするオソレが各自治体にはあったからでしょうか。

だが、今後、各自治体それぞれの自己責任が、市民、ついで長・議会、職員をふくめて、きびしく問われます。この改正新地方自治法は、不充分という批判があるにせよ、また財源の分権化ができなかったにせよ、日本の自治体を変えます。この大改正をおしすすめた地方分権推進委員会に敬意を表しますが、明治以来の官治・集権のトリックである機関委任事務方式の廃止を中核とした今回の分権改革は、今後一〇年ほどの時間をかけて、日本の自治体さらに日本の政治・行政をおおきく変えていくという画期性をもちます。いわば明治国家の解体のはじまりです。

明治以来、否、古代以来のオカミ支配の政治文化を継承した明治国家による官治・集権型の政治・行政は、戦後、『日本国憲法』第八章地方自治の規定にもかかわらず、今回の分権改革まで変わらなかったのです。この意味では、私が「半分の民主政治」と名づけてきた戦後日本の官治・

集権型の政治・行政の構造をみぬけなかった理論は、現実バナレした幻影をつくりあげていたといえます。

今回の地方自治法の大改正によって、ようやく、明治憲法以来、戦後も五〇年余もつづく官治・集権型から自治・分権型へと、漸次、日本の政治・行政は転型していきます。これはまた、官治・集権型から自治・分権型へという、『日本国憲法』の運用改革のはじまりを意味します。

自治省官僚の新地方自治法解説マニュアルは次のようにのべています。

「地方分権の推進＝行政の基本システムの転換〈構造改革〉

□どう転換するのか…中央集権型から地方分権型へ

□国と地方、都道府県と市町村の関係は…上下・主従のタテの関係から対等・協力のヨコの関係へ

□地方公共団体のあり方は…自主性・自立性の拡大、自己決定・自己責任の徹底」

これは大変よくできています。日本の官僚組織の中枢にある自治省は、ホンネでこれまでの日本の政治・行政は「中央集権型」で、国、県、市町村の関係は「上下・主従」の関係だったことを、明々白々に認めているではありませんか。

この官治・集権型にできあがっていた国、県、市町村の法制度関係はまた身分関係でもあった

ため、市町村職員は県、国の職員、官僚にあうときは「いつもお世話になります」というムダな挨拶をしてきました。これからは、もうその必要はありません。「やあ今日は」の市民型でよいではありませんか。もちろん、国や県などの官僚、職員が電話一本で県や市町村の職員を呼びつける悪習もやめ、そこにも「政府間手続」を確立すべきでしょう。

このときにあたり、北海道における自治体のリーディング・センターである『地方自治土曜講座』にお招きいただき、感謝いたしております。北海道町村会が北海道大学と共催するこの土曜講座はすでに六年つづき、自治体職員の水準を一挙に変えることによって、北海道の自治体の明日を約束しています。北海道町村会はまた新鮮な編集で画期をなす政策情報誌『フロンティア一八〇』も季刊で刊行されています。町村会がこのような活動スタイルをつくるとは、これまで全国の県単位での町村会、さらに市長会も想像しておりません。

各自治体の政治水準は市民、長・議会の水準を反映いたします。また、その行政水準はとくにフルタイマーの職員水準です。これまで個別の自治体単位ではとりくみにくい町村レベルの講座型研修の問題を職員個人の自発参加というかたちで具体的に解決して、明日の自治体をになう職員が輩出していくこの土曜講座に、敬意を表したいと思います。市民の文化水準にくらべて国の官僚や自治体職員の行政水準の「劣化」が目立つ今日、今後もその成果を蓄積していくならば、やがて北海道庁や国の省庁も変わらざるをえなくなるでしょう。

分権改革をうながす自治体間競争

今回の地方自治法大改正にもどりますが、前述のように、この四月一日は「地方自治法は変われど自治体行政は変わらず」というかたちとなりました。かつて、「憲法は変われど憲法学・行政法学は変わらず」と私は戦後日本の法学についてのべたことがありますが、今回はさしあたり「行政法は変われど行政は変わらず」となっています。いかに、長・議員をふくむ自治体機構のみならず、行政職員、さらにひろく私たち市民をふくめて、既成制度、これにともなう「慣習」つまりナレによって日常思考が拘束されているかをしめしています。革命は一日にしてならずです。

一九四六年、『日本国憲法』が制定されてもこの憲法が一応の安定をみるには、当時の鳩山、岸内閣の戦後反動をおさえこむという護憲運動のたかまりとその成果をもつ一九六〇年代をまたなければならなかったのです（拙著『政治・行政の考え方』第1章日本国憲法の五〇年・岩波新書参照）。しかし、その後も、日本の政治・行政は官治・集権型の明治憲法段階を思考原型としてきたということを想起したいと思います。今回も、地方自治法の法文は大改正となりましたが、明治以来の法運用ないし解釈慣行が国の省庁から県、市町村まで日々の行政体質ないし行政文化として定着しているため、自治体はなかなか変わりません。

それでも、ようやく、省庁によってちがいがあるとはいえ、通達にかわる「通知」つまり改正新地方自治法でいう助言のカガミといわれる送付文が、「されたい」という命令調から「承知願います」という対等型に変わりはじめました。今回の分権改革について、国の省庁官僚のなかには「無視派」、またその位置づけに消極的な学者・理論家もおおく厳存しますが、これらの省庁や学者・理論家たちが変わるには、なお一〇年の時間が必要でしょう。

たしかに、今回、自治体行政の中枢が国の事務であるというトリックをかたちづくっていた「機関委任事務」は廃止され、自治体事務としての「法定受託事務」つまり《国基準のある自治体事務》に整理しなおすという地方自治法の基本の大改正をみました。だが、自治体自体が明治以来の国家崇拝ないし官僚統治信仰を脱却しないかぎり、地方自治法、また関連各法が変っても、自治体の行政現実は旧地方自治法時代のままつづき、変わらないわけです。

自治体みずからが国の下請機構から「市民の自治体政府」への転生をめざして、これまでの行政慣行を順次変えていくとき、一〇年の単位でみれば、自治体と省庁の関係はおおきく変わっていきます。ことに《都市型社会》の成立をみて、（1）市民活動の群生、（2）自治体職員の水準上昇、（3）先駆自治体による政策・制度開発という条件が一九六〇年代からほぼ三〇年以上蓄積されてきたかぎり、今回の分権改革はいわば構造必然性をもつ「成熟革命」というべきです。「先駆自治体」と「居眠り自治体」との自治体間格差はこれからさらにひろがりますが、自治体間の競争によるこの自治体改革の不均等展開こそが、旧来の国ないし自治省による護送船団方式を打破していき、また自治体間相互に情報交流をすすめて分権改革の知恵をうみだすため、地域個性をもつ各自治体の力量をたかめ、分権改革の成熟をうながします。

機関委任事務・通達の廃止

今回の分権改革の基本点は、機関委任事務の廃止にともなう通達の失効です。日本の行政現実は、国会がつくる「法の支配」ではなく、省庁が恣意的に乱発する「通達による行政」でした。省庁官僚は、時代の変化がはげしくなったため、たえず時代錯誤となる国法を変えるという立法改革を先送りして、「法効力」もない通達を安易に乱発してツジツマアワセをしてきたのです。国会も国権の「最高機関」たる課題を自覚せず、立法改革を官僚に依存して、その「最高機関」としての課題を最近まで放棄していました。

自治体職員も専らこの通達を日々の行政の実務マニュアルとして尊重していました。通達は日々の行政のアンチョコないし虎の巻でした。この日本の行政体質をかたちづくった機関委任事務にもとづく通達のいわば法「的」効力が二〇〇〇年四月一日で全面失効したのです。これまでの通達は四月一日以降は既成法についての過去の解釈慣行にすぎなくなりました。昔話ではありませんが、「小判」が「枯葉」になってしまったのです。これは決定的変化となるはずです。

もちろん、通達に変って「助言」（地自法二四五の四）にあたる通知、あるいは「最小限」の「処理基準」（地自法二四五の九）が新しくでますが、この通知ついで処理基準は、〈国〉の機関委任事務にもとづく法「的」効力をもつと考えられてきた通達と異なり、〈自治体〉の事務にたいしてだされるのですから、自治体にとってはいわば参考にとどまります。その「法効力」が必要であれば、省庁は国法や政令、省令にすべきなのです。

ここから、今後、自治体職員は国の通達によって守られなくなります。第一に、国の通知や処理基準はこれまでの通達と異なって法「的」効力ももたず参考基準にとどまるため、市民が「わが自治体独自の責任ある考え方ないし政策はどうか」と問いかけるとき、庁内で議論をつみあげていないかぎり、職員は市民に応答できません。第二に、自治体議会ではこれまで通達をもちだせば議員からの批判をかわせましたが、今後は、自治事務、法定受託事務を問わず、自治体行政全域にわたって長や幹部は議員との討議が必要となります。

しかも、機関委任事務はなくなったのですから、法定の国の関与はあるものの国法運用は原則としては市町村、県の自治解釈ないし自治運用を基本とするため、国は県、市町村、県は市町村に応答する「義務」はなくなります。もう市町村は県、国から、県は国からオシエテモラエナイわけです。

逆にいいますと、自治体職員は、これまで、機関委任事務ないし通達によって、国ないし省庁から保護され、市民、議会から守られていたのです。そのとき、職員は国の法令、通達をソノママ執行する義務をもつため、幸か不幸か「考えない」職員となることが強制されていたといってよいでしょう。今後は、自治体行政の全域にわたって、長・議員とともに職員は各自治体機構による独自決定の責任を市民から問われることになり、「考える」職員とならざるをえません。

膨大な旧来の通達は、今後、政令、省令あるいは助言、処理基準などに分解され、のこったムダな通達は廃止となります。だが、この区分けの作業が省庁でオクレテイルため、というよりも各省庁が通達を無責任に乱発したため、ことに歴史の古い省庁ではその全容をつかめず、この整理にとまどっているようです。

今後、自治体は新地方自治法による「助言」、あるいは「処分基準」について各省庁バラバラの運用をやめさせ統一運用を要求すべきです。これは画一化ではなく、「助言」「処分基準」の簡明化ついで最少限化のために不可欠でしょう。自治体による監視、批判をしやすくするためにこそ、この統一は必要なのです。でなければ、「助言」、「処分基準」はかつての通達とおなじく、各省庁は勝手に多様なかたちで乱発し、ふたたび「通達行政」に逆行してしまいます。

他方、四月一日から「自治事務」はもちろん「法定受託事務」も《自治体事務》つまり自治体課題であるため、各自治体はいづれについてもその独自の政策・制度開発については、国法の自治解釈をふくむ自治運営、とくに条例制定という自治立法によって自己責任をもつことになります。また条例を立法しなければ、国の法律、国際機構の普遍条約とおなじく、自治体はその権限・財源を政府としてみずからつくりだすことはできません。

一九六〇年代以来、先駆自治体は独自の政策・制度開発をおしすすめ、機関委任事務をふくめて国法の自治解釈・運用さらに自治立法につとめてきました。この成果のうえにたって、改正新地方自治法のもとでは、各自治体がそれぞれの地域個性に対応する独自の政策・制度をみずから開発するのは、国にたいする自治体政府の権利となり、市民にたいする自治体政府の義務となったわけです。

自治体議会もこれまで、旧地方自治法により戦後五〇年余、機関委任事務だから、あるいはこれにともなう省庁の通達というかたちで国法の解釈が独占されているから、という理由で審議を放棄させられていました。そのうえ、機関委任事務にたいしては、条例は「原則禁止」となっていたのです。議会は市町村、県を問わず、自治体の行政中枢であった機関委任事務については審議さらに立法ができないため、自治体議会は長・行政機構からノケモノにされ、空洞化していたのです。だが、議会は、今後は、自治事務は当然、法定受託事務をふくめて、すべての自治体の課題領域で、審議ついで「条例」制定ができます。さらに、長・行政機構が自治体議会を排除するためにつくってきた「規則」あるいは「要綱」についても、それらが市民の権利・義務にかかわれば原則は、「条例」とすべきなのです。

としますと、機関委任事務の廃止にともなって、自治体行政の全領域が議会の権限事項となるため、議会の責任は飛躍的に拡大します。このため、議会は忙しくなり会期もながくならざるをえず、また議員立法のための条例立法技術の蓄積が不可欠となります。

後述しますが、県、市、町村の全国議長会がそれぞれつくっている参考資料にすぎない従来の『標準議会運営規則』とサヨナラして、各自治体はそれぞれ独自の「議会運営条例」を制定すべきです（また詳しくは拙著『自治体は変わるか』第二章自治体議会に改革構想を・岩波新書参照）。そのとき、次節でみるように法務職員の確保が急務となります。

条例の自治立法、ついで国法の自治解釈をふくむ自治運用の責任は、市町村、県ともに自治体が独自にもち、国の省庁は解釈ついで立法をもう独占できないのですから、国の解釈・立法が「唯一・正しい」ということはもはやありません。とくに国法の運用をこえる自治体の政策・制度課題については、当然、条例制定という自治立法がくりひろげられます。

今後、国は県や市町村、あるいは県は市町村にたいする指導ないし通達の乱発というかたちをとったオカミとしての官治・集権型後見性を喪失して、法治手続が原則となります。今回の新地方自治法では、市町村、県、国は、それぞれ独自に市民から〈信託〉された独自の政治・行政課題、つまり権限をもつ「政府」となりました。市町村、県、国の関係は《政府間関係》という意味はここにあります。この点、内閣法制局見解の変化など、詳しくは拙著『政治・行政の考え方』第2章「官僚内閣制から国会内閣制へ」(岩波新書)でのべました。ですから、この政府間に対立がおきたとき、第三者機関は前置しますが、かつて機関委任事務の国による強制手続としての職務執行「命令」訴訟は、自治体からの政府間「調整」訴訟という法治手続に変わります。

としますと、各市町村、各県は今後、それぞれ独自の政治・行政責任を市民から、直接、訴訟をふくめて問われることになります。自治体職員はこれまでのように、「機関委任事務だから」、「通達によれば」といったアリバイをつくって、市民や自治体議会から逃げることはできません。

議会も国法をこえて、「わが」自治体の考え方ないし政策を条例として立法する責任をもったのです。これまで自治体職員は、前述しましたように、機関委任事務方式にともなう国からの通達によって教示をうけ、さらに市民、議会からも守られて、「考えない」職員たりえたのです。議会も職員とともに、地域争点の政策・制度解決は国からの通達がくるまで「無視」していてよかったのです。だが、この「幸せ」な時代はもう終ったのです。

今回の分権改革によって、以上の意味で、まず、自治体では制度としての《転型》がはじまりました。

スクラップ、スクラップ・アンド・ビルド

今回、自治体が「政府」となったかぎり、これまで国の省庁が後見してきた自治体の法務だけではなく、財務も自治体の政府責任としてあらたに問われるようになりました。

日本が先発国型経済にうつって経済成長率がよくて三％前後にとどまるだけでなく、また少子・高齢社会に入り、人口減少が二〇一〇年代からは全国規模はもちろん各自治体でも顕著になるため、財源の自然増はここからものぞみにくくなります。

そのうえ、一九八〇、九〇年代、大蔵省主導による国の政策失敗によって、バブルをおこし、ついでこのバブルの後始末にも失敗して、これまで想像もしなかったマイナス成長になって、二〇〇〇年をむかえましたが、国内市場拡大ついで景気対策に自治体を安易に動員するという自治省の失敗もかさなって、一九九〇年代の末以来、自治体の財務構造も急速に悪化してしまいました。各自治体それぞれが、前述の法務とともに、この財務の責任をきびしく問われ、財務が自治体の新フロンティアとなります。

日本の自治体は、都市型社会にはいる一九六〇年代以来、当時、地域はナイナイづくしでしたから、国の機関委任事務を中枢とした国法基準をふまえて、この「国法の執行」というかたちで政策のビルド・アンド・ビルドを追求し、これに経済成長率がたかいため「自然増」というかたちで財源が後から後からついてくるという幸せな時代でした。しかも、日本が一九八〇年代までは先発国モデルのある中発国状況であったため、いわゆる「国家目標」を明示できるという意味でも幸せな時代だったのです。しかし、最近のマイナス成長は国の政策失敗による例外としても、前述しましたように、日本はすでに成長率のたかい中発国段階から成長率が低くなる先発国段階に移行していいます。

いまだに中発国段階の高成長段階ついでバブル期の夢をみつづけている自治体があります。この決定的な現時点での構造変化、つまりこの財源をめぐる《転型》についての予測に、日本の自治体は失敗したといえます。そのうえ、今日も自治省による護送船団方式への甘えものこり、自治体財政の緊迫についても最後には国が助けてくれると安易に考えがちです。このような幻想が自民党長期政権の基盤でした。しかし、問題は逆で、国をはじめ県、市町村各レベルでの政官業複合による安易な公金バラマキのつみかさねによって、国は財政破綻、自治体は財政緊迫にはいってしまったのです。

今日、市町村、県ともに国から自立して、自治体政府としての自己責任で政策のスクラップ・アンド・ビルドにとりくみ、ムダな施策を水膨れさせるという従来の膨張体質を脱却する時点にはいりました。これが、「政策評価」が時代の急務となってきた理由です。このスクラップ・アンド・ビルドによる政策の再編は、自治体の行政機構の再編、したがってまた職員の配転あるいは減員・減給というかたちですでにはじまっています。そこでは、自治体行政機構全体の再構築、いわば自己革新が課題となっているのです。これらの事態は、長期にみれば、やがて、今回の改革につぐ次の新しい、分権改革また省庁再編ついで国会・内閣改革につらなるはずです。

自治体は、国とおなじく財源の自然増によって中発国型の「夢」をふくらませたビルド・アンド・ビルドという膨張体質の時代を終り、スクラップ・アンド・ビルドにとどまらずスクラップ、スクラップ・アンド・ビルドというリストラによる再活性化のきびしい時代にはいっています。むしろ、スクラップこそがビルドであるという考え方が必要となります。

今回の分権改革によって、市町村、県を問わず自治体機構は、新地方自治法による政府としての自治責任を法務・財務というかたちでになうのはもちろん、市民の信託による政府として本来の政府責任をになうことになったのです。このため、私がかねがねのべてきましたように、自治体の長期・総合計画も課題が変わり、新たに情報公開による自治体機構の「大掃除」をすすめ、自治体の「再構築」をめざさなければならなくなっているわけです。これが自治体から国をふくめた、いわゆる政治・行政の透明性をめざす説明責任とつながります。

今日の自治体では、機関委任事務の廃止とあいまって、（1）絶対・無謬の国法を前提とし、しかも（2）国の財源から無限大のバラマキを想定するという、これまでのような「国家観念」ないし「官僚統治」を崇拝する官治・集権時代は終わりました。日本の自治体は、新しく自治・分権時代に入ったことを率直にふまえて、自己革新しなくてはならないと思います。自治体の政治・行政の基本前提が、二〇〇〇年の今日、すっかり変わっていくのです。自治体は不充分だったにせよ今回の分権改革によって《転型期》にたったという理由がここにあります。

2　自治体法務の緊急性

政策法務はなぜ未熟か

これまで、行政の中枢が国の機関委任事務であった日本の自治体では、自治体法務とくに政策法務については考えもしなかったといえます。東京都などには法務部がおかれていても、これはほぼ訴訟法務中心でした。今日の自治体法務にはもちろん「訴訟法務」もふくみますが、自治体法務の中核となるこの「政策法務」は、自治体の独自政策に対応して、（1）国法の運用改革あるいは（2）条例による立法改革をおこない、さらに（3）自治体による国法改革をも推進することをめざします。私は一九七五年、『市民自治の憲法理論』（岩波新書）で自治体法務の不可欠性を提起しました。当時はまだこの自治体法務は法学者をはじめ考えておりません。この自治体法務とくに政策法務は、今回の地方自治法大改正に先んじて、最近のほぼ一〇年、自治体関連専門家の間でひろく論じられるようになってきた、自治体財務とならぶ自治体の新課題領域です。

今回の地方自治法大改正にともなう機関委任事務の廃止によって、自治体法務ないし政策法務はついに各自治体にとって不可避の急務となり、私が提案したような法務担当ないし法務室の設置は、最近、各市町村、各県ではじまりつつあります。かつて一九八〇年代、文化室、国際室の設置を提起しひろがっていきましたが、後述の財務情報室とともにこの法務室も時代の緊急要請として設置されていくでしょう。

一九六三年にはじまる革新自治体、あるいはひろく先駆自治体による政策・制度開発の模索と試行がはじまっていたとはいえ、自治体法務ないし政策法務についての独自の問題意識はながく欠落していました。

なぜ、自治体法務ないし政策法務の問題意識が自治体で成熟しなかったのか、という問いにたいしては、国の機関委任事務を中枢において自治体の権限が構成されていたため、行政とは「国法の執行」という考え方が戦前以来、小学校から高校・大学において教育され、誰も疑いをはさまないほど日本の思考に定着していたから、といってよいでしょう。

明治憲法下では、法は天皇大権（天皇神権説）あるいは国家主権（天皇機関説）の発動とみなされ、かつ天皇は法の裁可・執行権をもつため、絶対・無謬とみなしていました。『日本国憲法』が自治体の条例立法をみとめたにもかかわらず、戦後も行政は「法の執行」というとき、自治体レベルでもその法とは機関委任事務を中枢とする絶対・無謬の国法でした。

知事や市町村長は「市民の代表」というよりも、今回の大改正までまず「国家の機関」でした。知事、市町村長という長の選挙は国家機関の選出手続だったといってよいでしょう。「機関委任事務」を中枢に、県や市町村は省庁の乱発する通達にもとづいて国法を執行するという考え方がひろく国家神話となって定着し、私が『市民自治の憲法理論』（一九七五年）で批判するまで疑われなかったのです。しかも、国家ないし国法という観念の絶対・無謬の規範性は戦後もつづいたのです。そこでは、市町村、県は国に、しかも市町村はさらに県に従属という関係でした。これが明治憲法以来、『日本国憲法』でも変らなかった日本の官治・集権システムの現実でした。

明治憲法以来の国家観念崇拝が戦後もつづくとともに、これにモダンな外装をあたえたのは、国家制定法は絶対規範という、戦前から日本の法学主流をなした後発国ドイツの新カント派系の考え方で、今日もつづいています。法とは、市町村、県、国などの各政府レベルで、（1）市民がたえず立法による改革をおこない、しかも（2）議会での党派妥協の産物という、プラグマチックな市民ルールだという考え方は、残念ながら今日も日本で未熟です。日本の自治体がのびのびと条例をつくり、国法を運用するようになるには、国法は官僚統治のための絶対規範とみなしてきた法学者の発想をきりすてて、ひろく法は自治体、国、国際機構という政府の三分化（後掲図1参照）に対応して自治体法、国法、国際法それぞれ市民ルールだという考え方が、市民常識として成熟していくことがまず必要です。

しかも、自治体では、機関委任事務のトリックが中枢となっていましたから、国法の解釈権は「通達」ついで「行政実例」、あるいは職務執行「命令」訴訟というかたちで、所管省庁が独占かつ強制することになっていました。このため、自治体の法務は自立できず、国の省庁にタテ割で所管されていたのでした。一九六〇、七〇年代、独自政策を模索しはじめた先駆自治体は、省庁官僚から「いつ独立国家になったのか」とつめよられたものです。市町村や県は法務室を設置して自治体法務を独自責任でになう法務職員を養成するとは、考えなかったのも当然です。

憲法学者や行政法学者、あるいは政治学者、行政学者も自治体が独自の法務政策をもつとは想定しておりません。とりわけ法学者は自治体の職員のなかに法務要員が輩出することを考えず、「わからなかったら聞きにこい、教えてやる」という態度をつい最近までとりつづけていたといっても過言ではありません。それどころか、日本の法学者は、政治学者も同じでしたが、自治体レベルの政治・行政の現場経験がほぼ皆無だったので、国レベルの省庁による官僚法学から講壇法学を自立させえなかったのです。

一時、一九八〇年代まで保守系・革新系という学説の対立があるかのようにみえましたが、同型で、その基本型は国家観念を前提とする官僚統治でした。そこでは、自治体も「国家」の枠内で住民自治・団体自治を「制度保障」されると立論されるにすぎなかったわけです。

ですから、自治体条例についても、大学の講義ではほとんどふれられていません。ふれたときも条例の法効力は国法に劣るという国家至上の法段階論をくみたてて、自治体の条例は国法をめぐる法段階論のハミダシモノと考えていたのです。もちろん、政府の三分化によって、法が自治体法（条例）、国法（法律）、国際法（普遍条約）に三分化するとは、今日も考えていません。

それだけではありません。明治憲法制定以後、立法は天皇大権となり、帝国議会はその「協賛」機関にすぎなかったため、日本の法学は国法の絶対・無謬性を前提とする解釈論のみにとどまります。その結果、立法論そのものを素人論として軽侮するという事態をつくりだしていきました。これが国民主権の戦後も日本の法学の体質としてつづき、市民立法が論じられはじめた今日も続いていきます（拙著『政治・行政の考え方』第4章市民立法の発想と法務・岩波新書参照）。

明治以来つい最近まで、立法をめぐって、法案づくりは省庁官僚の秘儀、成立は国会の儀式とみなされてきました。大学で立法学の講座設置を考えなかったのはここからきます。今日でも、立法論を市民立法から出発させて、自治体の立法、国の立法を論ずるという理論家はまだごくごくわずかにすぎません。

政府信託論と国家統治論

自治体が今日まで法務を放棄してきた責任は、自治体の責任ではありません。なによりも機関委任事務を中枢に、国、自治体をつらぬいて、行政とは絶対・無謬の「国法の執行」とみなしつづけてきた官僚法学ないし講壇法学の責任をまず問わなければなりません。

そのうえ、すでに国法は絶対・無謬ではありません。私がくりかえしのべるように、変化のはげしい都市型社会に入って、（1）全国画一、（2）省庁縦割、（3）時代錯誤という、国法つまり法律の構造欠陥が露呈しています。この国法の構造欠陥は一九九〇年代以降では毎日のように構造汚職とともにニュースにでるようになりました。ここにみられる国の省庁官僚の「劣化」、とくに、（1）「国法絶対主義」、（2）「ナワバリ主義」、（3）「先送り主義」にたいしては、先駆自治体による自治立法つまり条例を起点とする国法改革の誘導こそが不可欠となっています。

事実、法定受託事務といっても、この「法定」の法つまり国法がたえず改定されないかぎり、ここでみたような（1）（2）（3）という構造欠陥をもつ「悪法」にたえずなっていくではありませんか。このことは、日本の官僚法学、講壇法学では考えもしなかったため、「正法」への解釈論のみにとどまり、「悪法」の改革という立法論にたちおくれてしまったのです。

明治以来、今日もなお、自治体を国の下請機関、あるいは国の政策執行手段とみなしてきた国家統治理論が、戦前の美濃部達吉、佐々木惣一によって総合された官僚法学、講壇法学の系譜をもって、この二〇〇〇年代になってもつづいています。『日本国憲法』の制定にもかかわらず、官僚法学、講壇法学では国民主権を外装にとどめ、実質は、明治憲法型の「国家統治の基本法」という理論構成をのこします。

したがって、この国家統治をめぐっては戦前型官僚統治を基幹とする権力分立論も、かつて『市民自治の憲法理論』（一九七五年、岩波新書）、最近では『政治・行政の考え方』（一九九八年、岩波新書）にのべたように戦後も残ります。それゆえ、今日も『日本国憲法』がめざしている「国会内閣制」ではなく、明治憲法型の「官僚内閣制」がつづくのです。

「統治」という観念は、成沢光があきらかにしたように、明治初期、近代国家形成をめざして天皇の政治位置をしめすため、あらたに造語されていたのでした(「統治」日本政治学会年報一九七九年版『政治学の基礎概念』岩波書店、同著『政治の言葉』一九八四年、平凡社所収)。

そこでは、明治憲法前文に「国家統治の大権」とでているように、天皇は国家統治の主体として位置づけられていたのです。国民主権から出発する『日本国憲法』のもとでも、天皇主権を国民主権にうつしかえただけで、《国家統治》すなわち官僚統治という考え方が戦後もつづきます。このため、『日本国憲法』も、憲法学では明示・黙示を問わず、「国家統治の基本法」となってしまったのです。

今日も、憲法学は国レベルの政府を「統治機構」とよぶのはこのためです。戦前は天皇主権が国家統治ないし官僚統治を美化しましたが、戦後は国民主権が国家統治つまり官僚統治を美化するというかたちで、戦前憲法学の理論構成は戦後もそのままのこっています。自治体の政府、国の政府いづれについても、『日本国憲法』前文にでている《政府信託》は、「国家統治」の系譜にたつ官僚法学、講壇法学では今日も理解しておりません。

「国家統治」と「政府信託」は、憲法・行政法理論の理論構成として決定的に異なるため、この国家統治に《市民自治》を私は対置させ、市民自治による政府信託を起点において、国民主権を空洞化する国家統治つまり官僚統治を批判したわけです。政治学者、憲法学者、あるいは行政学者、行政法学者も『日本国憲法』前文の「信託」の意味をあらためて検討すべきでしょう（『市民自治の憲法理論』一九〇頁以降参照）。

これまで、国家観念を実体化ないし擬人化し、自治体は実体化・擬人化された国の政府の下請ないし手足にすぎないため、国家主権のもとでどこまで団体自治・住民自治を「制度保障」つまり許容するかというかたちでしか、議論をくみたてえなかったのです。政府信託説は、市町村・県、国、それに間接的には国際機構をふくめ、市民がそれぞれのレベルの政府にその独自課題それぞれを複数信託するというかたちで、統一的に説明できるではありませんか。

自治体は独自課題をもつ「政府」

だが、今回の改正新地方自治法によって、機関委任事務という官治・集権型の制度トリックは廃止となり、市町村、県は、国とともに、市民によって信託されたそれぞれ独自課題をもつ「政府」となりました。政治景観は一変するのです。既存の教科書もすべて書きなおしとなります。

今日、**図1**のように、政府は自治体、国、ついで間接的ですが国際機構の三レベルとに分化し、自治体レベルのなかでは基礎自治体（日本では市町村）と広域自治体（日本では県）にほぼ二層化します。それゆえまた、法もそれぞれ独自課題領域をもつ条例（自治体法）、法律（国法）、普遍条約（国際法）に三分化となります。

『日本国憲法』の制定にもかかわらず、明治憲法以来、今日もつづく官僚法学、講壇法学の考え方は、国家主権ないし国家統治を「内閣」を中心に「国会」、「裁判所」の三権が分担し、中枢の内閣を省庁官僚がささえるとともに、この省庁の政策決定が「機関委任事務」として、県、市町村に貫徹するという構造を、戦後もつづけてきたのです。私が今日の国の政府構造を〈官僚内閣制〉と位置づける理由です。そのとき、国権の「最高機関」（憲法四一条）という国会の位置は「政治的美称」にすぎないというかたちで空洞化させるのが、また今日の憲法学の通説です。驚くべき時代錯誤の理論構成ではありませんか。私が講壇法学という理由です。

図1　政治イメージの模型転換

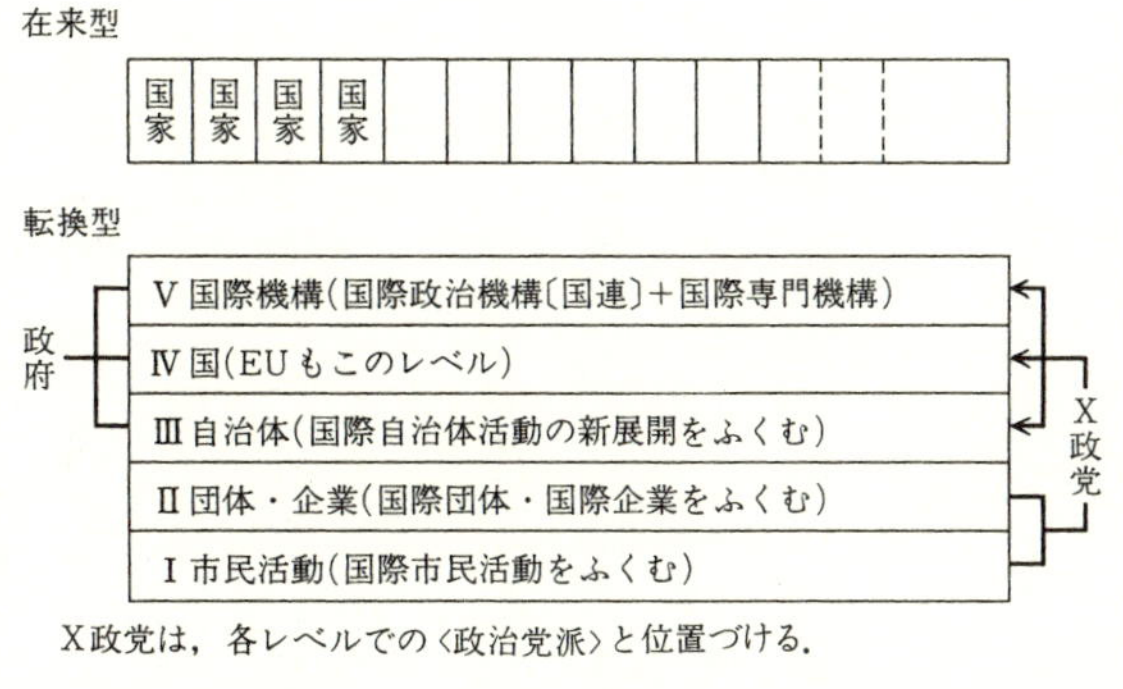

X政党は，各レベルでの〈政治党派〉と位置づける．

このような官僚内閣制が、戦前の短いいわゆる政党内閣時代をふくめて、明治憲法以来つづく結果、『日本国憲法』

で知事公選となり県が自治体となったとはいえ、今度は市町村にたいしておなじく、県も機関委任事務の下請機関に再編されました。戦後の政治・行政の官治・集権構成は、戦前の旧法務官僚による官僚法学の明治憲法型理論構成をひきついだのです。こうして、国会議員も〈国会内閣制〉の「政治家」とはなれず、〈官僚内閣制〉のオコボレにあずかる「族議員」に堕してしまったのです。

そこでは、都市型社会の今日、不可能なことが想定されています。省庁の官僚は「絶対・無謬」だから、霞ヶ関にいて、全国スミズミまでの許認可や補助金を決定できるという、不可能な「国家」のタテマエが保持されているのです。だが、不可能だからこそ、その媒体として地域からの陳情、族議員の育成、あるいは県への省庁官僚の天下り、さらには自己増殖する外郭組織の乱設が必要でした。この点だけみても、今回の「機関委任事務」の廃止にともなう、国ないし省庁の権限・財源ついで責任の分権化は不可欠だったのです。

今回の改正新地方自治法によって、自治体は国とおなじく独自の立法権、行政権をもつ政府となるため、自治体課題をめぐって自治事務はもちろん法定受託事務にも「条例」制定ができ、「規則」さらには「要綱」もできるだけ条例にすることになりました。ノケモノだった自治体議会もはじめて自治体の政治・行政の全域にとりくみうる自治体政府の構成体となり、議会の権限ついで責任も飛躍的に拡大しました。

自治体議会はこれまで、条例制定については、(一)省庁からくるモデル条例のコピー条例、(二)組織、定員、給与、またハコモノ設置などの形式条例、(三)罰則のない美文型の宣言条例、にほぼかぎられ、先駆自治体をのぞいては条例にもとづく独自政策の構築に実質とりくんでこなかったといえます。今後は、自治事務、法定受託事務いずれも「自治体事務」つまり自治体課題ですから、政策独自性をもつとともに、罰則で実効性のある条例をつくらざるをえなくなります。自治体議会はようやく今回の改正新地方自治法によって、自治体政策をめぐる立法議会となります。たんなる「議事機関」(『日本国憲法』九三条)ではありません。

ここで、『日本国憲法』は国に自治体を従属させるため、自治体議会を国会と区別して「立法機関」ではない「議事機関」とし、また内閣の「行政権」にたいしては自治体にはあたかも内閣の「行政を執行」するという表現をとっていることに留意したいと思います。『日本国憲法』制定当時、戦前派法務官僚の官僚法学にもとづき、細心の注意をもって国と自治体との間に用語法の区別がおこなわれていたのです。地方政府あるいは自治体とせずに、内容空虚で中味を官僚がうめる「地方公共団体」としたのも、同じく当時の法務官僚の発想でした。

ところで、今日では、自治体の政治・行政はもはや国法の執行ではありません。市町村は「基礎行政」をになう基礎自治体、ついで県は市町村がとりくみにくい大型・専門の「補完行政」をになう広域自治体として、それぞれみずからの政策を立案し・実現します。この県の補完行政はこれまでの「指揮監督」を原イメージとする市町村への安易な介入ないし「先導」「支援」は許されません。そのとき、国法は自治体の政策立案・実現の全国基準として尊重されますが、この国法も自治立法をふくむ自治体の独自法務によって解釈をふくめて運用されます。

もし、今後、この自治体が自治体基本法としての《基本条例》をみずから制定するならば、この基本条例は自治立法についてはもちろん、また自治体による国法運用についての枠組法として、自治体レベルでは国法のいわば「上位規範」となります。戦前以来、講壇法学の基軸をなす国法中心の法段階論はここでも決定的に崩壊します。自治体が「政府」としての法務責任をになうかぎり、この基本条例の制定は、基本法としての国の憲法、国際機構の憲章とおなじく、各自治体にとっての基本法として不可欠です。

とすれば、戦後改革でも再編されなかった明治憲法以来の官治・集権型の官僚法学、講壇法学は市民立法を基底におく自治・分権型の《市民法学》に転換することが急務となっています。

法務職員充実が不可欠

改正新地方自治法によって自治体法務が不可欠となるため、長の機構、それに議会機構に、法務職員の充実が緊急となりました。

長の機構では、これまでの文書課は法務室にあらためることになります。ただ、そこに既成行政法学の優等生職員をあつめるとき、時代錯誤の法学発想しかできず、自分がわからない論点がでたとき、「法律上できない」といいはりがちなため、役立たずになることを想定しておかなければなりません。このため、既成行政法学にくわしくなくとも、政策立案能力をもつベテランないし中堅の職員十数名でプロジェクト・チーム型の「法務委員会」を、従来のアテ職による審査型の例規委員会とは別に設置し、法務室を担当事務局とすることが必要となります。

この法務職員の養成には法学関連大学院修士課程の社会人入学制度を利用するのが、さしあたりの便法です。一年に二人としますと、一〇年で二〇人の法務要員が育つではありませんか。法務職員がふえれば、法務室だけでなく、議会にも配置できますし、各部課にも配置すべきです。また、ここから、大学院担当の法学教授も立法学にとりくまざるをえなくなり、解釈学中心の日本の法学を変えていくでしょう。

もし、町村では法務職員をおく余力がないというならば、県単位の町村会ついで町村議長会がそれぞれ、町村職員ＯＢのなかから法務ベテラン職員をさがしだして、法務センターを設置すべきでしょう。このセンターは各町村から個別の相談に応じる実務態勢をもちます。

この自治立法をふくむ自治体の政策自立をめぐって、当然ながら、議会も今後いそがしくなります。従来のように、一年を七〇日前後ですごすわけにはいかなくなり、すくなくともその倍の日数は必要となるため、ある自治体議会は通年議会制をとってもよいではありませんか。今日、各自治体議会はあらたに自由に『議会運営条例』をつくり、地方自治法改正ができるまでは、長の招集権の不要な、また長や幹部職員もでない全員協議会、また委員会協議会を公開でひらき、議員のみの独自の自由討議ないし審議ができる条件もつくればよいわけです。

たんなる参考にすぎないにもかかわらず今日も金科玉条のように通用しているのですが、戦前の帝国議会をモデルとして旧内務官僚が原型をつくった『標準議会運営規則』とは、もうサヨナラする時点にきているのではないでしょうか。ですから、地方六団体のなかの三議長会がそれぞれだしているこの『標準』を時間をかけて変えるよりも、ドシドシ、各市町村、各県の議会が創意をもって自由に独自の『議会運用条例』をつくればすむはずです。この方向がすすめば、もう

『標準』は無意味となります。

議会では、公述人・参考人制度を議会への市民参加制度として自由につかいこなすようにするのも、当然必要です。主権をもつ市民の専門知識が国レベルでも自治体レベルでも長・議員や官僚、職員よりもたかまってきた今日、主権者たる市民が傍聴人どまりとはミジメではありませんか。考え方の基本がまちがっているのです。そのほか、議会が市民立法研究所を設置し、いつでも市民と議員が討論しうるようなシクミをつくることも必要です。議員各自に配分されて小遣い銭となりがちの議員政策調査費も、議会事務局で一括管理して、このような議会自体を拠点とする調査・研究・立法活動に使うべきでしょう。

自治体議会は、これまで国会とおなじく、あまりにも会派タテ割にとじこもり、党議拘束もあって、議員相互の自由討議をほとんどおこなっておりません。以上のようなシクミを議会がつくれば、この「自由討議」に対応できない議員はヤメルようになるでしょう。また、議員の水準がたかくなれば、情報公開とあいまって、議会による批判のみならず、市民による批判も鋭くなり、長や職員の水準もたかくならざるをえません。

3　自治体財務の緊迫化

財政緊迫はどこからきたか

政府、大蔵省の政策失敗によるバブル、ついでこのバブルにたいする政策対応の失敗によって、一九九〇年代末は経済のマイナス成長となったため、国債増発がつづいて国の財政は破綻状況となり、自治体財政も緊迫化してきました。自治省統計の最新の一九九八年度でみるとき、経常収支比率は平均九〇、公債費負担比率は一五です。前者は八〇まで、後者は一〇までが適正といわれていますので、自治体全体として財政緊迫状況にはいっています。

被災自治体をのぞいては自治体の自己責任となるのですが、すでに、経常収支比率が一〇〇前後という県や市町村も急増しつつあります。経常収支比率が一〇〇をこえた東京の小金井市は退職金もはらえなくなり、退職手当債を発行するため、一〇〇〇人の職員のうち二〇〇名を勧奨退職としました。組合も同意し、五人に一人がやめているわけです。それでもまだ解決とならないため、市ではさらに第二次の勧奨退職として約一〇〇名を予定しています。これは、すべての市が目標値とみなすべき常勤職員一人あたりの市民数を、一二〇名から一四〇名にしようとしているためのようです。

だが、この事態は例外ではありません。小金井市ははやく都市化をみたため、職員高齢化もはやくすすみ、人件費をめぐる財政破綻がはやくやってきただけです。東京近郊自治体あるいは関西地区の市でもこの破綻がひろくみられます。さらに大都市県を中心に職員の減給、減員は当然のこととなっています。

町村あるいは県では、常勤職員一人あたり市民数はほぼ五〇名から一〇〇名というバラツキがめだちますが、職員数の過剰な市町村、県はその理由をどう説明するかが、今日ではきびしく問われはじめています。市では前述のように職員一人あたり一四〇名前後、町村、県ではできるだけ職員一人あたり一〇〇名にちかづけなければ財政がもたなくなっています。

この財政緊迫は、マイナス経済成長つまり日本経済の転型にともなう構造不況という要因だけからきているのではありません。それゆえ、マイナスの経済成長がプラスに転化しても、この財政緊迫はなくなりません。財政緊迫はマイナス成長がなくてもやがてやってきた事態です。それほど構造化した条件によっておきています。

この自治体の財政緊迫の基本には、一九六〇年代前後からの中発国型経済高成長からバブルにいたる財源の自然増によるムダヅカイという財務体質の水膨れ状況があります。このため、この水膨れ体質を正常なスリム体質にもどさないかぎり、今回の不況がなくてもかならず財政緊迫はおこったことになります。

二〇〇〇年代にはいって、まず、私たちが考えなければならないことは、中発国段階では共通にみられるのですが、経済高成長がうみだしていく財源の自然増をあてにした、政策のビルド・アンド・ビルドの時代が終りとなったことです。先発国段階にはいれば経済低成長となり、財源の自然増の少ないゼロ・サム状況にちかづきます。とすれば、政策をビルドするにはまたそのスクラップが不可欠という、スクラップ・アンド・ビルドの段階に日本もはいっていることになります。

マイナス成長が今後プラス成長になっていくとしても、今後一〇年は、経常収支比率、公債費負担比率など、あるいは外郭組織でのカクシ借金をふくめて、財務体質をよくするためにこのプラス成長による財源増をつかいますから、ビルド政策は政策スクラップをすすめないかぎりできないでしょう。

これは、悲観論のようにみえますが、そうではありません。日本の自治体が自治責任をもつ「政府」となるためには、前章でのべた法務責任とともに、この財務責任に日本の自治体は習熟しなければならないことを意味しています。

日本の自治体は、かつての保守・革新系いづれの長・議員、また職員を問わず、これまでの「国家」観念崇拝から最後は自治省ないし「国家」がタスケてくれるだろうという幻想をもち、今日も法務とともに財務について国とくに自治省への依存心理をもちつづけています。今回の財政緊迫でも自治省は、今となって自治体にたいしていろいろ膏薬バリを工夫しはじめていますが、結局は焼石に水ですし、それどころかこの財政緊迫をつくったのは自治省にも責任があります。

分権化とは、市民参加による地域づくりを土台に、法務・財務の責任を、国から自立して各自治体みずからがそれぞれ独自にとることにあります。つまり、自治省の護送船団方式から、各自治体が自立することを意味します。そのうえ、国全体の財政はすでに御承知のように破綻状態で、国は景気対策の名のもとに輪転機で国債を刷っていますが、もし一万円札を刷るようになればいわゆる「国家破産」です。そうならないような政治構造をどうつくるかをめぐって、今日のところ国の国会・内閣ないし大蔵省、自治省などもあてになりません。とすれば、私たち市民個人、ついで各自治体も自己責任として真剣に自治体、国の財政再生を問う必要があります。

とくに、国内需要拡大ないし景気対策の名分のもとに、地域総合整備事業債を中心にオシツケともいうべきかたちで、自治省は交付税措置によるムダヅカイを自治体に強要してしてきたことをその責任として注目すべきです。今日ではこれも県がうけとめきれなくなって公共事業を縮小しはじめましたので、市町村への強要をひろげています。つまり、交付税措置→起債→ムダヅカイという悪循環を自治省は自治体にオシツケているわけです。

この交付税バラマキの財源ももはや国税ではたらず財投資金にかたむいてきたため、自治省による交付税措置のバラマキは、実質、自治体全体の借金をふやすこととなり、国の交付税特別会計もすでに破綻状況にたっているではありませんか。これまで自治省が保証するかにみえていた一〇〇%などの高率の交付税措置率が、いつ五〇%以下などに無責任にきりさげられてもおかしくはありません。自治体はこの事態にそなえておくのは当然です。国家観念によって聖化された旧内務省の体質をもつ自治省の絶対・無謬神話も終っているのです。事実、自治省次官出身の知事などの無能は目にあまり、論語よみの論語知らずといわれています。

各自治体は、自立した責任ある政府としての財務責任を自覚し、財務政策を法務政策とおなじく、市民同意、職員合意、さらに長・議会の決断で策定していくことが急務となっています。いつかは国が助けてくれるというのは、国の財政破綻をみる今日、幻想にすぎません。自治体は、財源の分権化へのとりくみとあいまって、オネダリのみじめな自治体間競争ではなく、自立した政策・制度開発の自治体間競争にむけて、戦後とくに肥大した国へのアマエ根性から脱却すべきときとなっています。

財務体質の革新条件

以上のような考え方の転換が自治体財務の体質革新をおしすすめることになります。その体質革新は、次の構造条件へのとりくみからはじまります。

（1）日本が中発国段階から先発国段階にはいったかぎり、経済規模もおおきくなり、経済成長率はかつての一〇％前後からよくて三％前後という時代に入ってきたため、自治体の財源は自然増なきいわばゼロ・サム状況にちかくなります。自然増がなければ政策展開にはスクラップ・アンド・ビルドが不可欠となるのは前述したとおりです。しかも、少子・高齢化、さらに総人口の減少のため、就業人口だけでなく、住民減少も多くの自治体では加速することになります。そのとき、住民減少のすすむ自治体では急速に税収の自然減、職員の比率増となっていくことにも留意すべきです。

（2）少子・高齢社会への移行にともない、自治体は明治以来の学校、幼稚園、保育園など子供むけ中心から高齢者むけ中心へと政策再編が必要となります。そのとき、高齢者むけ政策のため、新しく土地を買い、施設をつくり、職員を新しく雇用する余力は自治体にはなくなるため、余りはじめてきた公立の学校、幼稚園、保育園をふくめ既存の市民施設の再編こそが必要となります。そのうえ、福祉費の増大、住民税の減収をここでは想定しておく必要があります。

この（1）（2）については、政策再編による行政機構ついで職員組織の再編というかたちで、スクラップ・アンド・ビルドをすすめなければならなくなっています。

（3）一九六〇年代前後からできはじめたハコモノなどや水道、下水道、ゴミ処理などの都市装置がやがて急速かつ一挙に老朽化し、補修あるいは更新に巨費がかかるようになります。このための予測はもちろん、準備の工夫もはじめなければなりません。

以上の（1）、（2）、（3）は一般要因ですが、これに各自治体の個別要因が（4）、（5）としてつけくわわります。

（4）バブル期以降に交付税措置がつく自治省の地域総合整備事業債などでおどった自治体は、公債費がふくらむとともに、ランニング・コストの増大、さらに今日のデフレによって赤字が累積することになります。大都市圏では長くつづいた東京都の鈴木都政、農村県では岡山県の永野県政が典型です。とくに、無責任な第三セクター方式をとったところでは、市町村、県を問わずいわば死カバネ累々といってよいでしょう。

図2　団体区分別、年齢別職員構成（一般行政職）

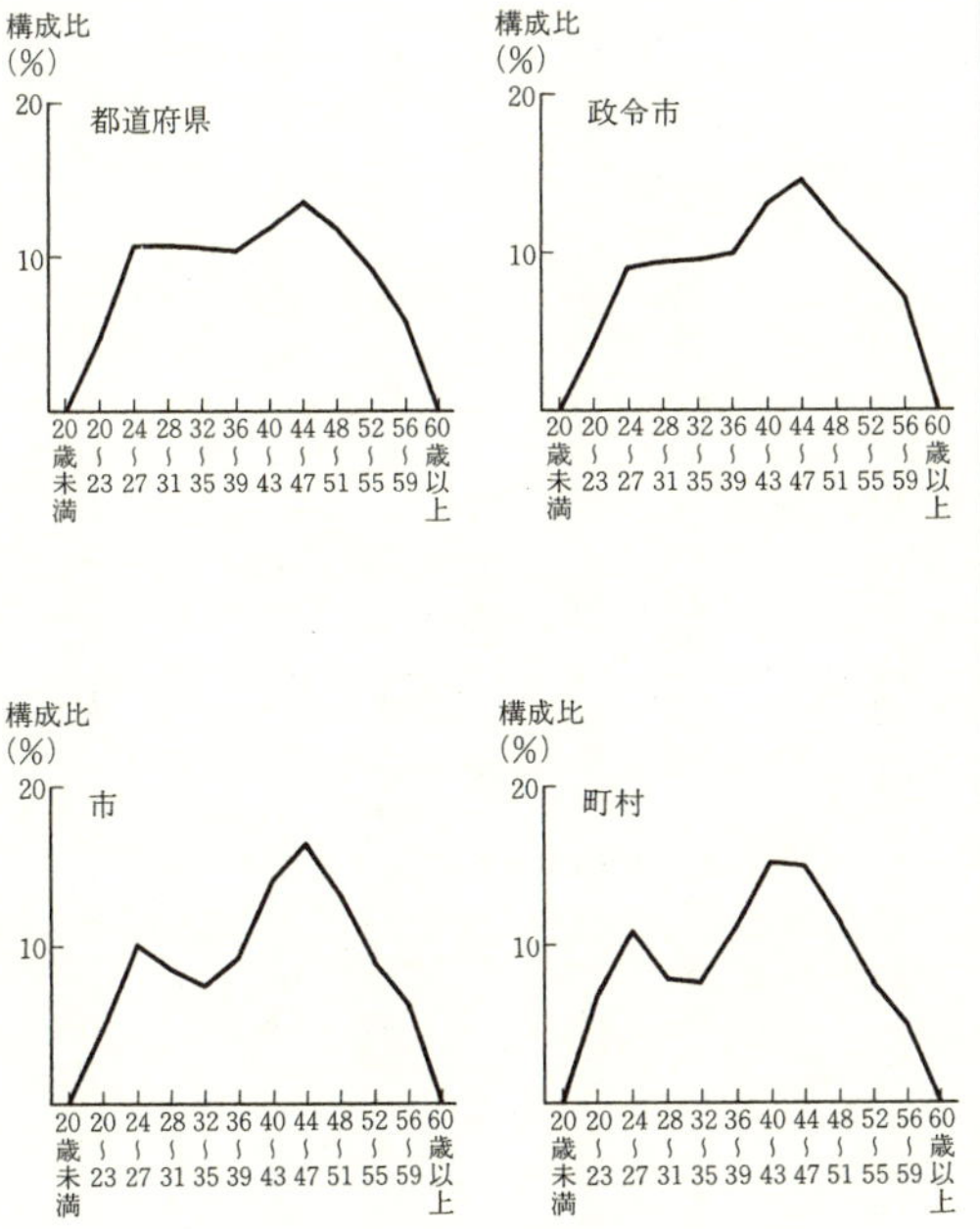

出典：自治省『1997 地方公務員給与の実態』
（問題点をはっきりさせるため 1997 年度をつかっている）

（5）都市型社会への移行にともなう自治体課題の増加を背景にふえていった各自治体の職員は図2のように今後一斉に高齢化するため、自治体の職員組織自体が約一〇年後をピークに高齢社会となります。しかもこの図は全国平均ですから、小金井市のように、さらに平均以上にきびしい自治体があるはずです。自治体では、国家公務員法とおなじく時代バナレとなった『地方公務員法』のため、今日も基本は終身雇用、年功賃金を前提としていますから、これから先一〇年は自治体の人件費負担が急増するだけでなく、とくに退職金は県内でプール制をとっている自治体でも破綻することがありえます。各自治体からの追加積立をしなければプール制自体が破綻するからです。プール制もとらず、また年々の退職関連の交付税措置をつかいきってしまった自治体は、今から早速、積立を必要としています。その積立をめぐっては、常勤職員の年齢構成について情報公開をしなければ、市民からの同意をえられないでしょう。ここで、職員一人あたり人件費平均が年一〇〇〇万円前後、退職金一人あたり生涯雇用で三〇〇〇万円前後という数字は覚えておいてください。

としますと、自治体では今後一〇年は政策のスクラップがなければビルドできないというゼロ・サム状況ないしマイナス・サム状況にはいることを、各自治体の市民、長・議員また職員は覚悟しなければなりません。次章でのべますが、中発国型といいますか、財源の自然増をあてにして自治体が「夢」をみる時代は終ったわけです。

ミニマムの量充足から質整備へ

だが、心配することはありません。ランニング・コストのたかいハコモノなどのムダヅカイをせず、下水道も終った自治体では、巨費が新たにかかる政策は、さしあたり環境や災害などでの緊急課題が迫ったときにかぎられ、これまで巨額がかかったナショナル・ミニマムとしての国基準の量充足はほぼ終わっているからです。

政策そのものが、中発国段階でのナショナル・ミニマムの「量充足」をめざす《新開発型》から、各自治体がみずからかたちづくる地域個性のあるシビル・ミニマムの「質整備」をめざした先発国段階の《微調整型》となります。介護も国の措置型から自治体による権利型に転換するのも、その一環です。

もちろん、下水処理にもとりくまず、ムダヅカイとしてのハコモノばかりつくって、借金やそのランニング・コストに市民の税金を失っている自治体は「財政再建団体」となり、その自治責任を財政破産というかたちで、きびしく問われることになるでしょう。そのとき、その自治体の市民生活の水準も低下いたします。職員の減給、減員だけではなく、市民もまた責任をになうことになります。

また、財務係数がよくても、下水処理にもとりくんでいない自治体は、いわば仕事をしなかった「居眠り自治体」というかたちで市民の批判をうけることになります。自治体財政は、交付税交付金を中心に財源が国法によって全国最低限を保証されていますから、絶対的貧困という自治体はありません。そのとき、仕事をしなくて人件費だけはらっている居眠り自治体では財務係数は「健全」にみえます。

現在の財政緊迫のなかから明確になったことは、自治体、国を問わず、ムダヅカイは長くつづけられないため、結局、国、県、市町村をふくめて、それぞれの課題領域で行政はミニマム以上はできないということです。いわば、個人自治にゆだねる領域は市民にゆだね、市民が個人でとりくみえない社会保障、社会資本、社会保健の領域はそのミニマム水準のみが公共政策ないし政府政策の課題となり、このミニマム以上はまた自由な個人選択とならざるをえません。

しかし、量充足だけでなく質整備をみるシビル・ミニマムは、貧しさではなく、豊かさをしめすことになります。たとえば鋪装しただけの道路とアーバン・デザインの手法による緑ゆたかな道路とを想起してください。道路は地域景観をもかたちづくります。国の画一基準のみの措置方式による介護と近隣の市民活動にささえられた自治体の地域個性をもつ介護のちがいもこれです。

公共事業も、国の省庁計画による時代錯誤のビッグ・プロジェクトによる新開発型よりも、電柱の撤去、下水やバイパスの整備、またIT基盤など、あるいは危険住宅地区の再開発といった生活の質をたかめる自治体主導の微調整型となります。

日本のナショナル・ミニマム＝国基準設定は各省庁縦割におこなわれるため、省益拡大をめざして地域個性を無視した画一上昇をつくりだし、いつのまにかマキシマムとなりますので、今日では国費のムダヅカイ・バラマキをふやしています。ナショナル・ミニマム＝国基準は、その設定にはむつかしい問題がありますが、いわば《最低必要基準》に限定し、地域個性ないし文化水準のゆたかさ、つまり質整備は自治体のシビル・ミニマムの課題となります。一九七〇年、八〇年代では自治体のシビル・ミニマムによって低劣なナショナル・ミニマム＝国基準の底上げをめざしましたが、二〇〇〇年代ともなればナショナル・ミニマムを《最低必要基準》に限定し、自治体のシビル・ミニマムはその質整備をめざすべきなのです。

しかも、地域ないし自治体の個性あるいは誇りをつくるための文化戦略としてのモニュメンタルなビッグ・プロジェクトは必要のかぎりまたコスト負担のできるかぎりあってよいのですが、シビル・オプティマムないしシビル・マキシマムをめざした自治体政策はもう不可能です。とくに、オプティマムはつねにマキシマムに転化することを想起すべきでしょう。ここに後述する原価計算・事業採算による施策の事前評価・事後評価が緊急となる理由があります。

自治体によるシビル・ミニマムの公共整備については、市民、ついで団体・企業の文化水準、政策水準がたかくなり、行政の劣化が露呈した一九九〇年代以降は、その政策イニシアティヴも、漸次、市民あるいは団体・企業にうつり、のちの図3にみるように、市民、団体・企業との政策ネットワークの形成が不可欠となっていきます。この市民、団体・企業主体のネット・ワークをふまえて、自治体・国をとわず職員機構の縮少も当然はじまります。

財務情報公開の論点

以上にみた視角から「わが」自治体の財務問題を整理・公開するためには、国の論点も同型ですが、次の論点に各自治体はそれぞれ独自方式を工夫しながらとりくむ必要があります。

Ⅰ　予算を今日の「款項別方式」から「施策別方式」にきりかえることを考えるべきです。さしあたり、この二本建方式にするか、款項別の目節を施策別にくみかえる必要があります。今日の款項別方式の予算書は分厚いためだけではなく、これをつくった財政課の担当職員のみがその全体構成がわかり、一般職員すらもわからない構成になっているからです。長・議員、また当然市民もわかりません。しかも、目節は、実質、職員の自由裁量の領域となります。ですから、市民も、長・議員、一般職員もわかりやすい「施策別」にすれば、議会では予算のくみかえも簡単になり、しかも予算・決算書から政策評価へのとりくみもできるようになります。

今日の議会は、施策別につくられていないため予算・決算の全体構成がわからず、実質、これを審議をしていないといって過言ではありません。国会の予算委員会、決算委員会も同型ではありませんか。

Ⅱ　個別施策についての「原価計算」、さらに採算性が問題になる施策については「事業採算」の明示が不可欠です。これがなければ入札も不透明となるばかりか、事前、事後の政策評価は庁内外を問わずほとんど不可能です。これらの公開がないこれまでの予算査定こそが問題だったのではありませんか。今後は原価計算、事業採算が明示され、また関連要綱ないし条例の原案がつくられていなければ、予算査定はしないというルールを長はつくるべきでしょう。

Ⅲ　特別会計さらに外郭組織との「連結財務諸表」の作製も不可欠です。これがなければ、今日の大福帳型予算・決算書では、各自治体が責任をもつ「わが」自治体の財務情報ないし経営情報の公開にはならず、外郭団体での膨大なカクシ赤字をふくめたその財務構造がわかりません。

以上のⅠ、Ⅱ、Ⅲについては、くわしくは拙著『自治体は変わるか』（岩波新書）第5章「自治体財務という新課題」をみていただきたいと思いますが、この「政策・制度」の再編つまりヤリクリとなる《財務》にとりくまないかぎり、ある日、突然、「財源」をめぐって財政破綻があきらかになったときはすでにおそすぎるため、今日から連結財務諸表の作製をふくめて財務情報の公開にふみきるべきです。これができない財政課は、ただちに財務情報課に名称を変えて、今日からとりくませるべきでしょう。

私は、予算編成は企画課主導型とし、財政課は決算ならびに財務情報の公開を中心とするよう、自治体中枢を変えるべきだと考えています。今日の財政緊迫に対処するためには、ここでみたⅠ、Ⅱ、Ⅲに未熟な財政課職員の再訓練あるいは財務専門家の途中採用が不可欠です。

そのうえ、すでに種々の専門雑誌などで、全自治体の現行財務係数が公刊されているのですが、この財務係数のでている各自治体の「決算カード」すら財政課はＩＴなどで市民、職員また議員にも公開せず、知らぬはその自治体の市民、職員、議員ばかりなりけりという珍風景がおおくの自治体でみられます。

それに、税額の多少を問わず新税源の模索も、政策手段となる「目的税」をはじめ自治努力として急務ですが、同時に、大都市県などに典型的にみられるような巨額となっている特別会計、あるいは地方公社、第三セクターなど外郭組織への財源持出しの実態を「連結財務諸表」によって公開し、その適正対処をめぐって自治体行政機構の再編をすすめることも緊急ではないでしょうか。

長期の展望では、エコロジカルな均衡をふまえた多様な地域産業おこしから美しい環境づくりという、通常の政策水準の質上昇つまり行政の文化水準の高さこそが、人口の社会増、観光開発あるいは地価上昇とむすびついて、恒常的な財源確保にとっても不可欠なことを想起してください。もちろん、環境づくりの市場型政策誘導手段としての環境税などには、税収がすくなくても、当然とりくむべきでしょう。

ただ、ここで、日本の自治体は国全体の２／３の財源を絶対量としてもっているわけですから、先発各国のなかでも財源がゆたかだということに留意してください。簡略していえば、起債を別として、自治体の自治財源は自治体・国の全財源のほぼ１／３ですが、財源の分権化によってこれがふえていくのではありません。すでに２／３という国際的にもたかい水準の財源を日本の自治体はもっています。これは、大量の機関委任事務がオシツケられていたためです。ただし、自治体が長期・総合計画によって主導性を発揮しないかぎり、今日では自治省のバラマキ補助金となりつつある地方交付税交付金、また従来の各省庁の補助金の合計１／３によって自治体の自治財源の１／３を操作できるため、実質〇割自治に近づくことに留意する必要があります。

とすれば、財源の分権化とは、各省庁補助金をできるだけ自治財源たる自治体税に切替えるか、あるいは自治体間調整基金にくみいれるとともに、自治体間調整基金（現行の交付税財源に相当）の配分権を自治省からとりあげて、市町村、県による調整基金共同管理委員会にゆだねることが、財源の分権化を意味します（くわしくは拙著『日本の自治・分権』岩波新書・第1章参照）。

もし、そのとき、県と市町村の間、ついで県間あるいは市町村間のヨコの配分基準について、自治体間の合意ができなければ、国から自治体に財源をオロスというタテの財源再配分は、結局は自治省による再配分となり、今日とおなじく自治省が市町村、県を分割支配することになってしまいます。このタテ・ヨコの財源の再配分をめぐって、タテを中心としたこれまでの財政学者の考え方はあまりにも安易な考え方をしていました。今後、都市型の市、農村型の町村、あるいは大都市県と農村県の間、というヨコの配分基準づくりが自治体全体の緊急課題となります。

4 「夢」なき自治体政策への転換

政策転換の構造必然性

法務・財務という自治体の新フロンティアをふまえて、自治体政策の戦略発想としても

（1）スクラップ・アンド・ビルドの時代の始まり

（2）新開発から微調整へという時代の始まり

という転型期にすでにはいっていることを確認すべきだと思います。これが、また、自治体政策の今日的新手法開発という課題とむすびついていきます。

中発国段階は、人口、経済の高成長にともなう財源の自然増をふまえて、国また自治体が巨大土木技術による新開発の「夢」をみることができる、またインフラ整備という意味では「夢」が必要という、時代でした。日本の一九六〇年前後からの経済計画あるいは国土計画は、先発国をモデルとする、いわば中発国段階の「夢」つまりユートピアニズムの開発計画でした。

日本の《地域開発》には、かつて、アメリカがTVA、ソ連がドニエプル発電所に託したのと同型の中発国型の夢があったのです。今日、中国が中発国として長江の巨大ダムに夢を託しているのも同型です。日本も戦後、佐久間ダムからはじまりますが、水源・エネルギー、ついで農業・工場・住宅の大団地造成、高速道路・新幹線、また空港・港湾・架橋、あるいは最近のレジャーランドやスポーツ施設、文化ホール、美術館などの公共事業ないしビッグ・プロジェクトに、それぞれの時点で夢をみてきました。田中元首相の『日本列島改造論』(一九七二年)がその考え方のピークです。

その後、八〇年代、九〇年代は「ジャパン・アズ・ナンバーワン」という日本への幻想が拡大して、日本全体の政治・行政が地域開発の二日酔状態にはいり、地価暴騰をひきおこしたバブルの崩壊後は不況・雇用対策というかたちで、またまた「公共事業」を増幅し、二〇〇〇年には一部見直しがはじまったとはいえ、日本をいわゆる「国家破産」においつめます。

だが、バブル以前に、中発国段階としての地域開発の夢をみる時代は終っていました。省庁やシンクタンクなどが煽ったバブル期の大型リゾート開発が妄想にすぎなかったのです。バブル以降を「二日酔」状態とみるのはこのためです。今日では、財政破綻の露呈とあいまって、時代錯誤の省庁と族議員、土建産業がむすびついてムダをうむ「公共事業」のあり方への批判が当然たかくなります。日本は、いつまでも中発国型の夢を追いつづけたため、経済先発国全体の土建量よりも多いという、いわゆる「土建中毒」という状況におちいり、ついには国、自治体の借金はGDPの一・三倍の巨額にふくれあがって、財政破綻状況となってしまいました。

この二〇〇〇年の日本の財政現実こそ、いわば政官業癒着という日本型特性をもった中発国型地域開発の「宴のあと」といわざるをえません。つまり、「夢」という名の地域開発幻想が、国、県、市町村レベルの政治腐敗、行政劣化、業界利権さらに談合、献金、集票による政官業複合を持続させて、たえず過剰投資を誘発しながら、既得権をますます固定化して政策転換を不可能にした結果、今日のムダが集積し、財政破綻状況をうみだしたのです。

前述した政策をめぐる（1）スクラップ・アンド・ビルド、（2）微調整が、国だけでなく、自治体でも新課題となる背景がここにあります。この自治体の政策転換には、以上のような日本の転型期をめぐる構造必然性があります。しかも、まだ自治体によってはのこる下水道をのぞけば、国基準のナショナル・ミニマムをめぐる全国画一の最低必要基準の量充足もほぼ終わり、ムダをひろげる政官業癒着による過剰バラマキこそが問われはじめたのです。これが官治・集権型から自治・分権型に政治・行政を変える転型を不可避としています。

つまり、日本は少子・高齢社会にはいり、就業人口どころか、やがて総人口減少までもすすみます。このため工場建設も国内立地よりも国外立地もえらぶようになってきましたが、逆に国内では外国人就業者もふえて多国籍化、多文化化していきます。しかも、自治体でみれば、人口増加を期待できるのは政令市、県都をのぞき政策努力が成果をもつごくわずかの自治体で、多くの自治体では、とくに中小都市での都心の荒廃もあって、人口減少が加速します。ことに高成長期に自治体での人口増加要因であったニュータウンでも、人口の高齢化ないしこれにともなう流出により、ゴーストタウンとなる危機もうまれてきびしくなります。

とすれば、国はもちろん、自治体でも当然、この転型期に対応しうるよう、政治改革と行政改革・財政改革さらに政策・制度開発とをつなげることが緊急ではありませんか。くりかえしますが、たえざる新開発をめざした中発国型の国基準によるナショナル、ミニマムの量充足は下水道をのぞいてほぼ終り、省庁縦割による道路から住宅など従来の《新開発》型の計画はすでに飽和状態にひろくはいりはじめています。今後は先発国型となるのですが地域個性をいかす各自治体の独自責任による、《微調整》型の、しかも生態均衡をめざしたシビル・ミニマムの質整備の段階となります。このため、縦割省庁主導の官治・集権型から自治体ごとに市町村主導の自治・分権型へと、政治全体の構造改革が必要となったのです。

ビッグ・プロジェクトも必要によってはのこりますが、これも今後は国からカネをひきだすためビッグ・プロジェクトを自己目的とした《新開発》というより、《微調整》型の緑ゆたかな地域づくりとしての、再開発をめざした戦略手段という性格をもたざるをえません。それも、地域特性をいかす文化戦略をふまえて必要不可欠とみなされるときのみとなるでしょう。

これらのプロジェクトは、①企業の政策水準がたかまり資金調達がゆたかになった今日では企業責任で、しかも②慎重な一〇年単位の公開の討議のうえで最少必要規模に、また③各自治体が起債をするにせよ一定の財源の積みたてができた時点でのみ、おこなわれるようにならざるをえません。今後すすむ自治体財務構成の「格付け」も、旧財政投融資制度の終りもあって、自治体の資金調達にとって決定的意味をもつようになるでしょう。起債ができなければプロジェクトにもとりくめないではありませんか。これまでのように、省庁官僚による地域開発をめざした省庁計画が先行して自治体の財源を動員するというような、ビッグ・プロジェクトは終わりとなります。

行政劣化と都市型社会

国のタテ割省庁計画、ついでこれにゴリオシされてまとめられる全国規模の経済計画・国土計画にもとづき、しかも自治体を煽動する中発国型の地域開発は、日本が先発国型の都市型社会にはいったかぎり、破綻する時代にはいったといわざるをえません。

くりかえしますが、市町村、県ともに、終身雇用・年功賃金制による人件費増大、自治省による景気対策への動員による起債累積のため、また高齢社会への移行にともなう福祉費の増大あるいは住民税の減収もひかえて、国の公共事業のオシツケをうけられなくなっています。一九九〇年代にはいって巨大新開発をめざす中発国型の経済計画・国土計画の役割が終ったことは、その策定担当者クラスが堂々とのべる時代になっています。

大型事業だけでなく、票田開発をめざして国からのこまごまとした零細補助金のつく個別施策も、年がたつにつれて、①施策自体の飽和、②施策間の重複、さらに③施策自体の老化がすすみ、自治体における財政再建ないし政策評価の進行とあいまって、当然、整理することになります。

しかし、以上の政策再編は地域経済の縮小を意図するのではありません。自治体は本書の最後にまとめているように、自治体間競争はきびしくなりますが、それぞれの地域特性をもつ地域経済を活性化する独自課題をもつのは当然です。もちろん、国の通貨が統一されているため一国規模の経済運営の責任は、日本の国の政府・官僚が失敗したのですが、外交・防衛とならぶ国の政策責任であることも確認しておきたいと思います。

この地域経済については、もう国、県、市町村を問わず、政治・行政は万能ではありえません。農業構造改善あるいは都心活性化においても、地元にパイオニア型の市民ないし団体・企業が登場しないかぎり、補助金などによって市町村、県の職員また国の官僚が「支援」し、またコンサルタントやシンクタンクがくわわっても、成果があがらないことをたえず再考すべきです。

活力ある地域づくりはパイオニア型の市民や団体・企業が育っておれば、行政の「支援」なしでも、否、行政の水準をこえて、これまでもいきいきとした地域経済をかたちづくってきました。そこでは、地域間のみならず地球規模での視察・交流などをつみあげていく結果、地域での内発エネルギーを結集することに留意したいと思います。国、県、市町村を問わず、たまたま職場移動によって数年間担当するだけの官僚や行政職員では、このパイオニア型の市民、団体・企業からみれば素人にすぎないため、たよりにならないのは当然でしょう。行政劣化の理由はここにもあります。

しかも、都市型社会の成熟が一般背景としてあり、そこには病理もめだつとしても市民の文化水準、団体・企業の政策水準の上昇があることをあらためて確認しておくべきでしょう。そのうえ、市民個々人は各人の職業においてそれぞれ専門家ではありませんか。

市町村を起点とする政策模索

今日の政策転換では、タテ割省庁補助金による各種の施策ないし施設や基盤の整備についての「量充足」という段階はほぼ終り、市町村レベルから自治体の長期・総合計画による地域ヨコひろがりをめざす市民生活条件の「質整備」という新しい段階への飛躍がもとめられています。当然、自治体の政策づくりには、国のタテ割省庁からの通達・補助金によるオシツケではなく、情報公開をふまえて市民が参加する自治体手続が要請されます。今日の都市型社会の成熟期では、下水道をのぞいてほぼナショナル・ミニマムの量充足をみつつあるため、市民自体、かつてナイナイづくしだった一九六〇年代から八〇年代にかけての都市型社会への移行期にみられたモノトリ型の発想をすでに終え、緑ゆたかで質のたかい生活条件の構築にむかいはじめています。当然、そこでは「生態均衡」をもつとともに「資源循環」をめざす、自治体の政策・制度開発が不可欠です。

もちろん、都市型社会の成熟をみるとはいえ、日本の国土の七割は山地です。山地では、人口の過疎化さらに、林野庁行政の失敗とあいまって森林が荒れつつあります。それに森林が荒れれば御承知のように治山・治水では危機状況となります。セメントによる公共事業ではこれを解決できません。それゆえ、今日、ひろく、国土全体にわたる生態均衡をどう再生するかが問われていますが、以上の視点をもつとき、ここでも市町村レベルからの微調整型をとる環境の質整備が急務となってきました。《緑》といわれるのはこの課題を意味しています。

図3　政策の立案・実現・責任配分模型

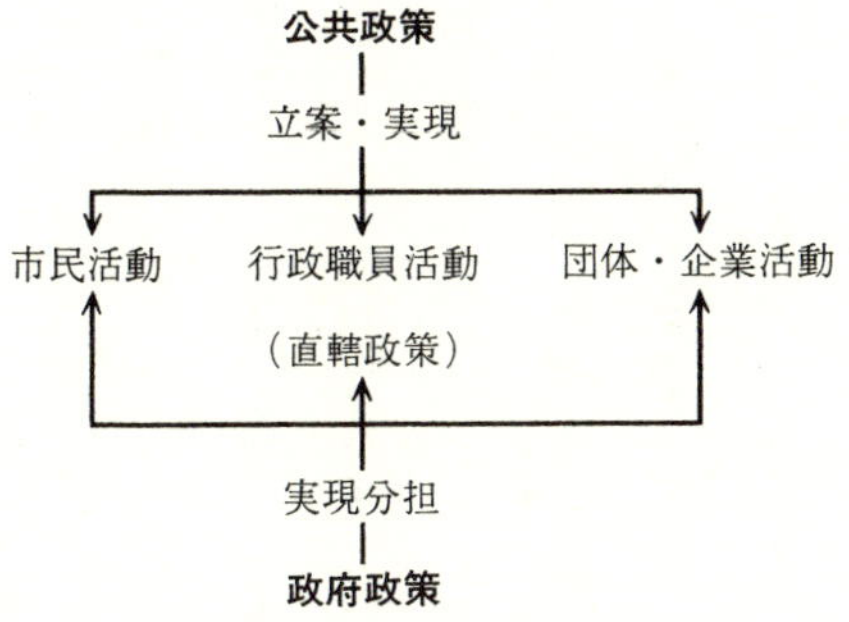

これまで、国の省庁政策は、補助金ついで起債とむすびついて省庁→県→市町村へと降りてきたため、①全国画一、②省庁縦割、③時代錯誤という政策水準にとどまってきました。今後は逆に、市町村を起点とし、県がこれを補完するというかたちでの地域環境・地域経済をふまえ、かつ地域個性をもつ政策模索がもとめられていきます。この政策模索はまた、

図3のように、地域における市民、団体・企業とのヨコのネットワークづくりが不可欠となります。今日では、すでに、政治・行政は市町村、県、国の各レベルをふくめて全能でないこともはっきりしているのです。

都市型社会では、ひろく市民の文化水準、団体・企業の政策水準は、市町村、県、国を問わず行政職員ないし官僚、あるいは審議会学者、さらに政治家の水準をうわまわっていきはじめます。図3のように、公共政策は市民また団体・企業が推進するとともに、政府政策も市民また団体・企業もにないます。むしろ、市町村、県、国の職員ないし官僚は、所属行政機構の権限・財源を運用する専門家にすぎず、政策自体については、今日では市民、団体・企業のノウハウに依存し、その間を調整する媒体とならざるをえなくなっています。この関係は情報公開さらにIT革命がさらにおしすすめるでしょう。ここから、また、政治家の《政治》責任もきびしくなります。

行政についてみれば、市民あるいは団体・企業を「保護・育成」また最近では「支援」するという言葉が流行するようになりましたが、そのような時代はとっくに終っています。行政が市民を教育するという社会教育・生涯学習行政も終焉し、市民文化活動が行政による保護・育成ないし最近の「支援」からも自立してくるではありませんか。「規制再編」の課題もここにあります。今日では、地域規模から地球規模まで、ひろく市民活動、また団体・企業活動が、いわゆる《市民社会》というかたちで自立しはじめるのもここからきます。私が「国家」観念の崩壊さらには「行政」の劣化というのはこの事態をさします。

市町村・県・国の《政府間》でも、また、**図4**の「上昇型」のように、〈現場〉をもつ自治体の政策開発を国の省庁が吸いあげて、国法というかたちで制度化するというナガレが、一九六〇年代からの「先駆自治体」の登場以来、できあがってきました。**図4**の「下降型」のように国の省庁官僚が外国の先発国をモデルとして先導性をもつという、日本の後・中発国段階は終わったのです。

図4　政策循環模型

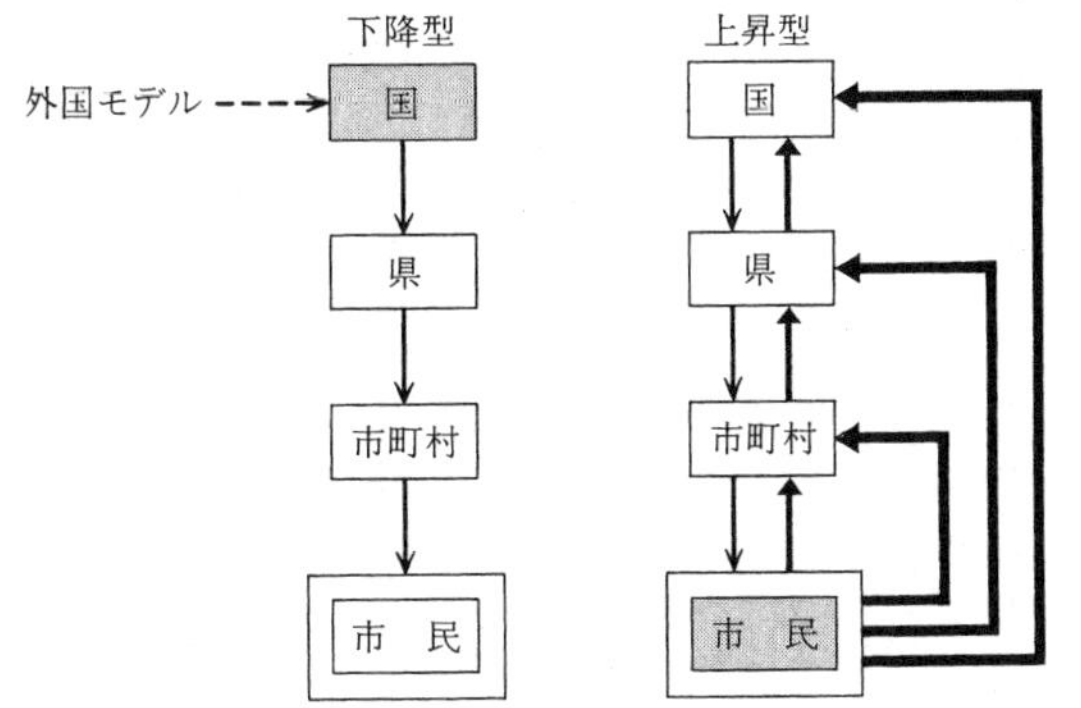

一九六〇年代以降の公害から今日の介護まで、時代錯誤の国法からは「脱法」「違法」にすらみえた「権限なき行政」として、**図4**の「上昇型」を原型とする自治体主導の政策づくりがすすみました。権限なき市町村による今日急務の産廃やダイオキシンの条例による規制もこれです。新しい政策領域では、省庁官僚が先

導性をもっていたのではないことを歴史事実として強調しておきます。一九六〇年代から、市町村という基礎自治体が最先端の政策開発をおしすすめるという時代になってきたのです。県は今日も、市町村からみても、国からみても中二階で、しかも国の威をかりる位置にありますが、今後は基礎自治体たる市町村の補完を独自課題とする広域自治体になるはずです。

とくに、一九九〇年代に露呈したのは、これまで絶対・無謬の国家エリートとみなされた省庁官僚の政策水準の劣化でした。最近では、テレビ、新聞でも「組織としての官僚はダメだ」というような言葉が公然ととびかうようになっています。大蔵省、自治省はじめ警察、自衛隊まで、その政策水準の劣化は汚職をふくめて誰の目にもあきらかとなったのです。明治憲法以来はじまった「国家」あるいは古来の〈オカミ〉という名で省庁官僚を聖化する時代はもう終わりました。情報公開もあって官僚の匿名性も漸次終っていき、官僚一人ひとりも、政治家とおなじく、その資質・力量・個性をようやく個別に問われる時代です。

今日、各自治体は、国の省庁から自立して、地域個性をもつ政策・制度開発の模索・試行をおこなうのは、すでに当然となっています。機関委任事務の廃止となる理由です。すでに自治体職員の学歴水準も高くなっただけでなく、一九六〇年代から市民運動にきたえられてきました。その結果、法務・財務には第2・3章でのべたようにいまだ未熟ですが、政策・制度開発能力もたかくなりつつあります。今回の地方自治法大改正は、法制度としては、「先駆自治体」の成果の追認であるとともに、また「居眠り自治体」にたいしては警鐘でもあったのです。

政策開発の自治体間交流

今後、自治体が模索すべき微調整型の独自政策は、すでに第2・3章でみましたように、国の政策つまり「国法の執行」ではなく、それこそ、地域の市民ついで団体・企業の活力をふまえた政策再編をめざして、既存の政策資源つまり人材はもちろん技術、施設、装置、また地形、歴史、景観、さらに財源（マイナスのストックである借金もふくむ）などの再活性化からなりたっていきます。日本の後発国から中発国の段階では必要だったのですが、日本が都市型社会という先発国段階にはいったかぎり、かつての縦割省庁の国基準という「国法の執行」の時代は終りとなったのです。

この既存政策資源の再活性化には、当然、「国家」からではなく、「地域」における独自情報の整理・公開から出発することになります。つまり、地域情報としての

①争点情報　市民ないしその生活条件をめぐる争点情報

②基礎情報　地域の政策統計、指標地図、文化情報、あるいは法務・財務情報
③専門情報　個別施策の設計をめぐる個別科学などの専門情報

の整理・公開が不可欠となります。もちろん、政策情報は地域、国、地球というレベルのちがいによる特性と課題をもつことに注目すべきです。地域と、国、地球の各レベルでは情報の構造がちがうのです。自治体をめぐって不可欠となってきた、ここでいう地域情報は独自の特性と課題をもちます。

次章でのべますが、情報なくして政策はつくれません。これまでの自治体は、機関委任事務を基幹に、国の省庁の通達・補助金を現場にあてはめるだけのモグラタタキ行政にとどまったため、政策・制度の開発・策定に不可欠である地域情報の整理・公開の必要を、各自治体の長、議員また職員、それにモノトリにとどまる市民ついで政党も考えてこなかったのです。これが行政とは「国法の執行」の現実でした。

だが、この国法は①全国画一、②省庁縦割、③時代錯誤という構造欠陥をもつかぎり、自治体はみずから地域個性をもつ独自の政策・制度を策定・実現しなければならないため、この地域情報の整理・公開は不可欠となっています。ここからも、「機関委任事務」というトリックの廃止は構造必然性をもっていたのです。

自治体レベルでの地域個性をもつ政策・制度開発にあたっては、また、無から有をただちにうみだすことはできません。政策・制度づくりにとりくんだことのある人ならば、一人でウンウンと苦悩してうなっていても無から有を生みだすかたちで政策・制度をつくりえないことを痛感しておられるでしょう。

解決すべき問題がでてきたとき、これまで、市町村職員はタテに県や省庁にお伺いをたてましたが、今日では、市町村間、県間のヨコの交流、つまり自治体間での視察から事例研究等をふくめて、自治体相互にヨコに学びあっていくことが必要となります。国の省庁では、もう政策涸渇状態にあるため、市町村、県から学ぶシクミをいかにつくるかが課題となっています。今日、新しくは介護制度から古くは公共事業まで、すべての領域で省庁がつくった政策・制度の劣化がみられ、省庁が見直しすべき政策課題は山積しているではありませんか。

そのため、刊行物はもちろん、シンポジウムや学会など、国の省庁から自立した、自治体間のヨコのコミュニケイションのチャンスも今日ではふえてきました。このとき、情報交流としてはＩＴ革命への対応も不可欠となりますし、すでに市民間、職員間それに自治体間のヨコのむすびつきもＩＴをふくめてひろがっています。

政策・制度開発をめぐって情報が、自治体間さらには市民活動間のヨコ、それも今日では国境をこえたヨコのつながりのはじまりは（図1参照）、機関委任事務のトリックで権限・財源を集中してきた国の省庁からタテにおりる通達しかなかった一九六〇年代までからみれば、画期的事態です。従来、市町村や県の職員は職場というコップのなかに閉じこもって、国の省庁からのタテ割通達に依存しましたが、今日ではこの市民間、職員間、議員間、首長間をふくめ、自治体間の地域・全国・国際各レベルのヨコの交流によってこそ、政策開発はできるようになっています。

とくに、プロジェクト・チーム方式による相互交流で、A市方式のプラス・マイナス、B町方式のプラス・マイナス、C村方式のプラス・マイナス、あるいはD県のプラス・マイナスを比較検討すれば、ほぼ、わが自治体の政策づくりの方向が決まってくるではありませんか。さらにこの自治体間交流を背景に市町村が変われば、県が変わり、ついで国の省庁も加速度がついて変わります。

かつての一九六三年以来、国の省庁を変えていった革新自治体から今日の先駆自治体までの経験によって、この政策・制度開発の循環の変化は、図4でみたように証明ずみです。革新自治体の成果については、『資料・革新自治体［正・続］』（日本評論社、一九九〇年、一九九八年）を参照ください。国の省庁の政策・制度づくりの発生源は、明治から一九六〇年代までは欧米の先発国モデルでしたが、今日では日本の三〇〇〇余の市町村、四七の県となってきています。政策発生源が国一点から日本全域に多元・重層化しているのです。

北海道の土曜講座でも、多様な自治体間交流がくみこまれているのもこのためです。そのうえ、今日では、自治体学会をはじめ、自治体職員間の学会やシンポジウムがふえておりますが、これも自治体間交流のチャンスの拡大です。また、なかには、都市デザイン、政策法務など先端政策領域での全国交流もはじまっています。自治体職員も現場をふまえた論文、著作をどしどし書き、自己の経験・思考を交流しはじめ、これもグローバルな規模をふくめた自治体間のヨコの交流となってきました。ＥＵの『自治体憲章』は国境を越えた自治体間交流・連合もかかげていますが、現在国連で準備されつつある『世界自治体憲章』の策定もその画期となります。

最後に、政策・制度づくりは、コンサルタントないしシンクタンクから意見を聞くことはよいのですが、計画原案ないし施策設計のシンクタンクなどへの丸ナゲは絶対やめていただきたいと思います。長の職員不信からきているこの外部委託という丸ナゲ方式については、議員も議会で必らずチェックして廃止をめざすべきです。シンクタンクなどは、自治体をいくつかに類型化してつくったモデル政策を自治体の名だけを変えてもちこむところもありますから、役にたたないだけでなく、これを続けるならば職員は政策・制度開発能力にいつまでも熟達できません。

シンクタンクに高い相応額をはらうくらいなら、そのコストを職員プロジェクト・チームの調査費、視察費あるいはひろく研修費にあてれば、つかいきれないだけでなく職員の水準は急速に変わっていきます。政策・制度開発の経験ないし知慧の蓄積が、職員の水準をたかめるのです。しかも、〈現場〉についての土地カンがなければ、政策・制度をつくれません。不必要な規模・品質で高コストをねらいがちのリゾート開発などにみられたように、失敗に終っていきます。身の丈にあうとともに、各自治体が独自に〈予測と調整〉に責任をもつ政策・制度開発こそが必要だったのです。しかも外注ではなく、みづから失敗したのならば、必らずその失敗は生かせるではありませんか。

ともすれば、自治体職員は、これまで、国の通達・補助金依存を基軸とした書記型あるいは技術型の職務にとどまってきました。だが、今日ではその書記型職務はコンピューターにうつり、技術型職務は外部化されていくこととあいまって、職員の課題変化がおこり、既成政策資源のたえざる再活性化をめざすプランナー型、プロデューサー型へと変わります。このような変化のなかで職員も市民とのネットワークづくりにもはじめて対応できることになります。ここでも転型期をむかえています。

5　政策づくりの手法開発

市民の生活思考を回復

では、政策とは何かが次の課題となります。それは、通常、いわれているように、「問題解決の手法」です。だが、焦点は次にあります。

私たち市民は、日々、問題に直面し、日常的に政策づくりをおこなっています。政策づくりはむつかしいことではなく、いわば日常の生活における私たち市民の考え方あるいは思考方法の一形態です。それも、生活様式が慣行できまっている農村型社会と異なり、都市型社会では多様な選択肢があるかぎり、政治家だけでなく、誰もが政策型思考に習熟しなければならなくなっているのです。

サークルでのピクニックにどこへいくか、また、このとき、そこにどうしていくか。電車にのるか、バスかドライヴか。歩いていくならどのコースをたどるか。これらは複数の選択肢をともなう政策選択であり、最後にはサークル員間の調整による合意という政策決定となります。わが家で夜食をつくるとき、また休日、家族と外食するとき、和食系でも何にするか、それともソバかウナギか。これは非常にむつかしい政策選択であり、決定にあたっては家族の合意をうるための調整も困難です。この事態は、地域慣習が定型化しているため選択肢の少ない農村型社会とは異なっています。

都市型社会では、私たち市民は政策を日々の生活のなかでつくり、決定しています。ただ、自治体をふくめて各政府レベルの公共政策とくに政府政策は、「影響の範囲」が大きいところから、その制度をめぐる「組織と制御」、政策における「予測と調整」の責任が構造化され、当事者の熟度があらためて問われるところが、異なるだけです。

問題解決をめぐる日常の思考方法は、自治体レベル、国レベル、国際機構レベルでの政策の模索・決定と異なりません。私たち一市民と各政府レベルの政治家あるいは官僚ないし行政職員とは異なった人間ではなく、同じ思考をしています。かつて、絶対・無謬という国家観念のカリスマ性を軸に、国レベルで、「国家理性」とか「国家利益」というギラギラする無用な言葉がありましたが、これはかつては支配層の身分特権だった政策型思考を実体化し、神秘化していただけです。

ただ、今日の日本をみるとき、バブル以降の政策失敗によるマイナス成長がひきおこした財政破綻の解決についてのプログラムはいまだ描がけていないことが問われるべきです。二〇〇〇年の日本では、国レベルの政治家ついで官僚における政策型思考の未熟が露呈しているのです。

この未熟の理由も、絶対・無謬の国家観念あるいは「国法の執行」という国家神話が明治以来固定されて、工業化・民主化がおしすすめた《都市型社会》への移行にともなう状況変化に対応できないところにあります。空虚で、すでに現実性をうしなった国家観念を想定した官治・集権型の官僚発想がはびこるため、政治家も劣化した「官僚内閣制」に寄生して利権のオコボレをひきだす政治屋になっていきます。

この官治・集権型の思考習性が自治体レベルでは、法令ないし通達・補助金基準を個別争点に適用するだけという、前述のモグラタタキ行政となります。つまり、問題解決の手法、いいなおせば政策という解答を、機関委任事務のトリックによって官僚が国法というかたちできめているからこそ、県や市町村の職員は国の法令とくに通達を着実に適用するだけでよいとなって、不幸にも「考えない」職員になってしまったのです。それだけではありません。この機関委任事務では市町村や県は、地域争点の独自解決をめざして、政策・制度開発を模索してはいけなかったのです。

この事態が、くりかえしますが、行政とは「国法の執行」という言葉の文脈でした。自治体レベル、国レベルともに官僚発想となり、状況変化への「予測と調整」をふまえた「組織と制御」という《政治》が自立できなかったのです。明治以来の官治・集権型の行政は、こうして、政治との接点をうしない、自治体職員の思考訓練も通常の市民の試行錯誤型から絶対・無謬の国法適用型に変えてしまったのです。この思考訓練の制度化さらに神秘化が国家観念から出発する日本の憲法学、行政法学の課題でした。

だが、前述したように、都市型社会が成熟した結果、政策選択肢の幅の拡大のみならず、とくに政策課題の変化のスピードが早くなるため、国法はたえず時代錯誤となり、その絶対・無謬という国家神話はくずれさっていきます。それどころか、明治憲法以来の後・中発国型官僚内閣制は、市民の文化水準が高くなるため、国会内閣制にむけて今日くずれつつあります。

この官僚内閣制は、かつて日本の市民の文化水準が低く、また外国モデル摂取という《近代化》

の過渡段階では必要としたシクミでしたが、この官僚内閣制は政治家の族議員化とあいまって、一九七〇、八〇、九〇年代には、季節はずれにも、かえって強化されていきました。

そのとき、官僚自体も当時「日本の官僚は優秀」という幻想の「成功体験」におぼれて「二日酔」状態でした。ここから、とくにバブルがはじけたのち、日本は「第二の敗戦」といわれるほどの挫折に二〇〇〇年前後においこまれ、経済成長もマイナスとなり、財政破綻状況になっていきます。

事実、戦後の自民党永続政権が崩壊したのちに、この官僚内閣制の構造矛盾が噴出していきます。一九八〇年代の「日本大国」論とは、戦後育ちの官僚演出による戦後版白昼夢でした。「日本神国」論をかかげた戦前と同じあやまちを二度くりかえしたといえるでしょう。二一世紀は「日本の世紀」とのべた評論家たちも、この官僚とむすんで「二日酔」症状だったといえます。

かつては日本の近代化のための推進力ないしマシーンにみえた官僚組織は、今日では劣化して後・中発国型の官僚内閣制の残骸となりはて、既得権保持のためみずから先発国型の国会内閣制への自己革新をおしすすめえないままとなっています。ようやく、一九九九年に、官僚の抵抗をおしきって、国会による分権改革ついで国会・内閣改革、省庁再編という法制大改革のはじまりとなります。

今回の分権改革によって、国法を全国基準として尊重しながらも、各市町村、各県が国法基準をこえた政策・制度開発に政府責任をもつ《自治・分権型》政治・行政が正統となってきます。一九六〇年代からはじまったのですが、ひろく、市民活動を土台に、政策の発生源が市町村三〇〇〇、県四七へと多元・重層化していくことになります。この意味では、分権化は文化水準のたかくなった通常の市民がもつ生活思考の回復をめざすといって過言ではないでしょう。すでに、既存の国の政策・制度ないし官僚組織の劣化があきらかとなっているではありませんか。

機関委任事務とは、第1章にみたように、市民ついで自治体議会を排除することによって、県、市町村をつらぬいて国つまり省庁官僚の政策＝法律を通達・補助金というかたちで貫徹していくシクミないしトリックだったのです。行政法学は、その若い世代では変りつつあるとしても、戦後もひきつづき、このトリックを弁証する国家神話の学でした。

行政法学のキーワードだった行政決定の「公定性」「強制性」といった言葉を想起しましょう。あたかも神の決定のごとき「公定性」「強制性」だったではありませんか。だが、今日では、かつては絶対・無謬とみなされてきた行政決定自体、事前はもちろん事後にも「政策評価」を不可欠とするだけでなく、市民からの情報公開・行政手続あるいは住民投票、オンブズマンにさらされていきます。さらに、日本でも政策評価の法制化がはじまり、ここからも行政決定の「公定性」

「強制性」の神話は崩壊することになりました。旧来の戦後行政法学は破綻したのです。

政策・制度づくりに習熟するには

では、自治体機構において、職員が政策・制度づくりに習熟するにはどうしたらよいのでしょうか。

（1）庁内に十数人単位の自主研究サークルが多様にうまれ、各サークルが勤務時間外で自発的に月一回ぐらいの会合をひらき、「わが」自治体のアクチュアルな問題を討議していく過程が不可欠です。そこでは、日常の定型的職務に埋没することなく、自治体課題の解決手法をシミュレイションとして独自設計をこころみながら、政策・制度型思考に習熟していきます。

（2）各自治体の政策・制度開発には、つねに、特定政策課題の担当課に、長直属で多様な人材をあつめたプロジェクト・チームを発足させることが必要となります。もう、担当課だけではできません。そのとき、期限を一カ月から三カ月とし、庁内情報の公開はもちろん調査費、視察費をつけます。締切期限が半年以上ではチーム自体が間のびしてしまいます。ここには、当然、種々の市民参加方式もくみこむべきでしょう。

（3）総合計画を担当する企画課は、従来のような閉鎖エリート集団にせず、係ないし課のレベルで政策・制度開発のできる職員が二年ほど、「わが」自治体の全体構造を理解するために配属されるヒロバとしていきます。政策・制度開発自体は（2）プロジェクト・チームによって各部課レベルですすめることになります。しかも、長・議会がしっかりしているならば、それこそ、企画集権は不必要で、企画分権こそが要請されます。

この（1）（2）（3）のようなかたちで、庁内で企画分権をすすめたいと思います。規模の小さい町村ではすでにそうなっていますが、規模のおおきい県や市では、企画系職員は〈現場〉からはなれて閉鎖化・特権化がいちじるしいため、かえって個別施策、ついで**図5**にみる中間計画を策定する能力を失っています。

政策型思考の特性と論理

政策とは、問題—解決のスジミチをつくりだす手法です。まず、起点として、この「問題」をとらえる〈現場〉感覚が不可欠です。ついで、政策はそれ自体としては、この《問題—解決》を《目的—手段》の関係におきなおした作文にすぎません。この政策が実効性をもつためには、長・

議会をふまえて法制化と予算化をともなうかたちで、制度化されます。このような政策型思考の展開が図6—〔1〕です。このため、私はつねに政策と制度とをむすびつけて考えます。

問題つまり現実の争点は多様かつ無限大ですから、これらの問題・争点を類型化します。ついで、この類型化された特定の問題・争点を政策の〈課題〉として「選択」すると

図5　自治体政策の構造論理

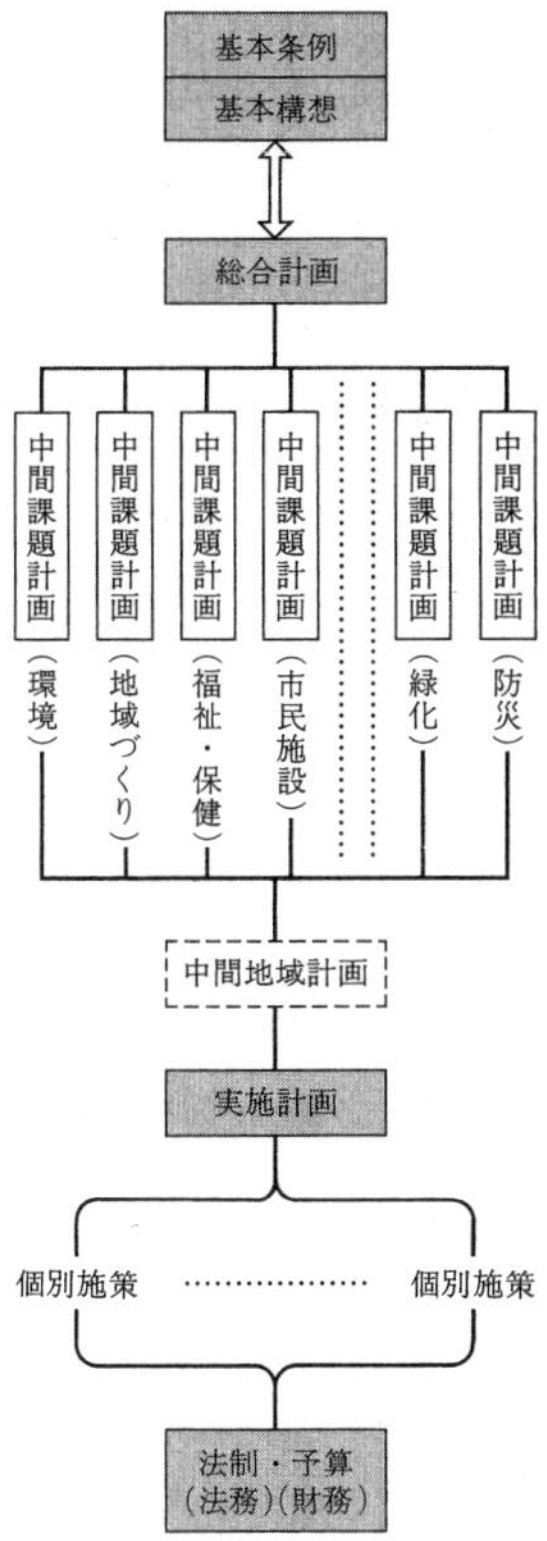

図6　政策の三角模型

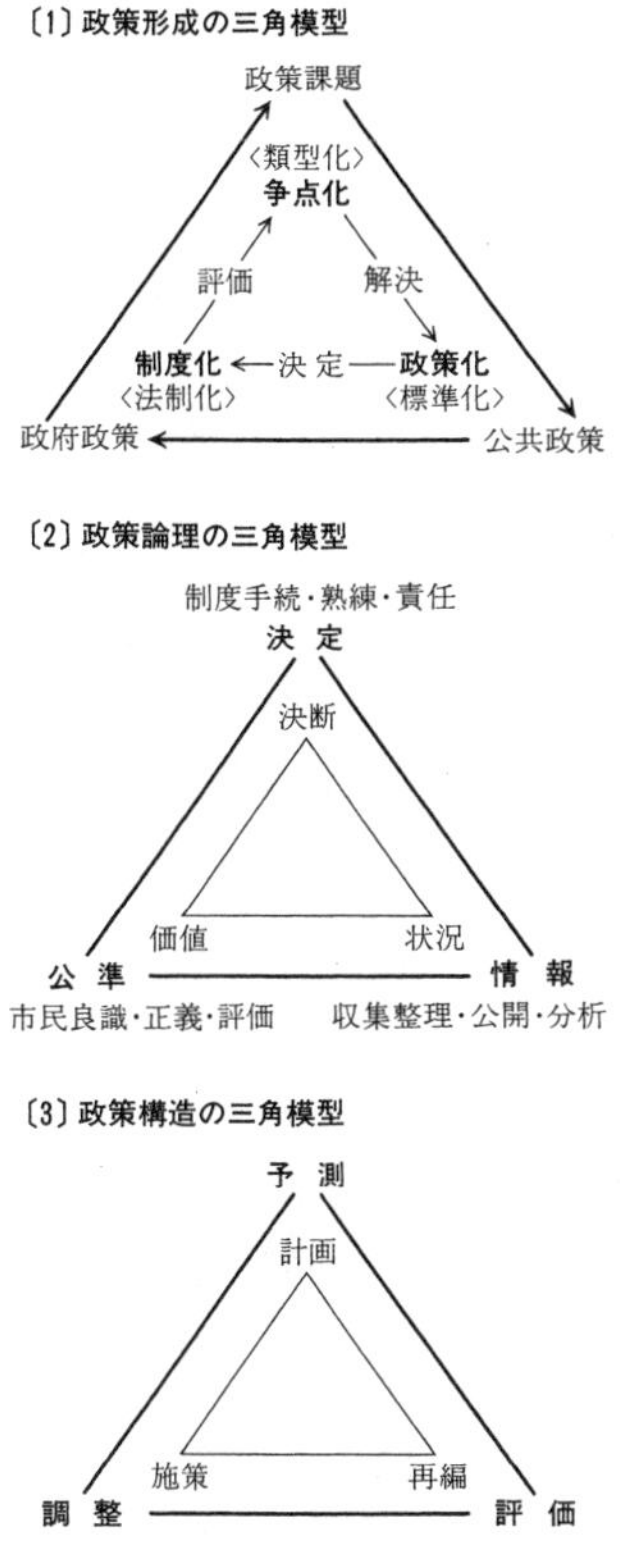

いう政治決定が、政策・制度開発のはじまりです。その後の策定過程ないし手続は、御承知のように図7のかたちをとります。

図7　政策過程模型

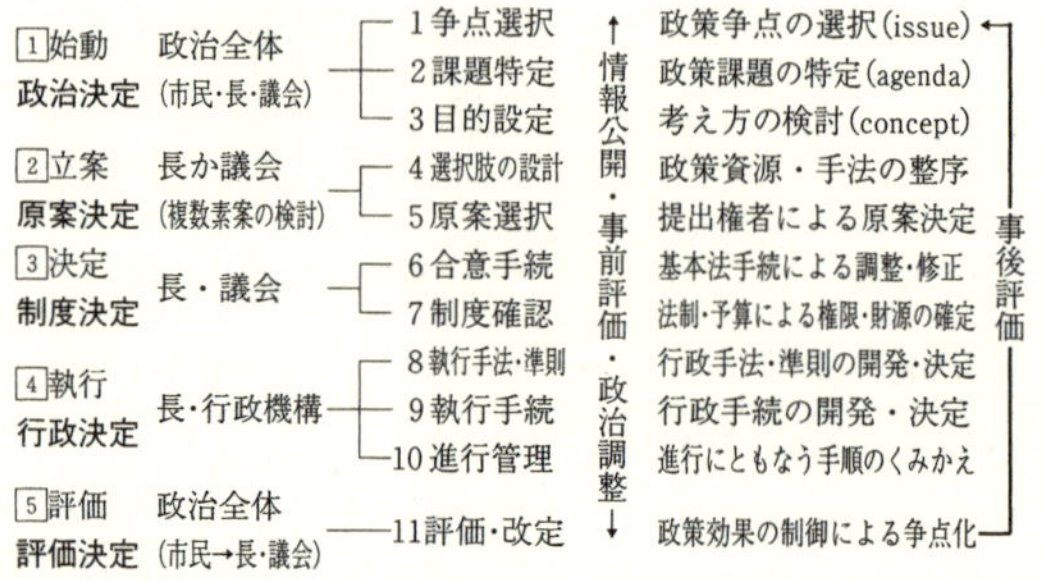

この課題にたいする標準解決法の模索が、「わが」自治体の政策・制度開発となります。そのとき、政策情報が整理・公開されていなくてはなりません。この政策情報として争点情報、基礎情報、専門情報の三種類を第3章でのべましたが、いずれの情報も、どんなに収集、整理、公開されても、不完全情報だという自覚が不可欠でしょう。

できるだけ完全情報をめざすとしても、たえず状況は動いているため、特定時点では、不完全情報にもとづいた予測によって決定せざるをえません。この〈予測〉は、また「目的―手段」の設定をつくりだすのですが、複数なりたつため、選択肢も複数なりたちます。政策に「結果責任」を問われるのは、複数の予測にともなう複数の選択肢のなかからの選択という、この「予測責任」からきます。政策の立案・決定には、このようにみますと、〈科学〉的方法はありえません。政策におけるいわ

図8　市民規範

Ⅰ 基本規範	市民自治・市民共和	（市民主権）
Ⅱ 価値規範	①市民自由＝人権・平和	（自由権＝人格価値）
	②市民福祉＝シビル・ミニマム	（社会権＝生活価値）
Ⅲ 組織規範	政府の自立・安定・革新	（自治体／国／国際機構 の政府責任）

図9　政策公準

X 合意公準	①政策目的の普遍性	（普遍目的による規制）
	②政策手段の妥当性	（適性手段の選択）
	③政策結果への責任性	（責任手続のくみこみ）
Y 選択公準	①公平性（社会的）	（最大正義）
	②効率性（経済的）	（最少費用）
	③効果性（政治的）	（最適効果）
Z 策定公準	①最低保障の原則	（ミニマム政策の要請）
	②政策革新の原則	（先駆型開発の要請）
	③簡明簡便の原則	（わかりやすさの要請）

ゆる「科学」の位置は、図6―〔2〕における情報の一局面にすぎません。

この政策選択・決定にあたっては、図6―〔2〕からきますが、図8のような市民規範をふまえるとともに、図9にみる市民良識としての政策公準が前提となります。この公準のXYZ、またそれぞれの①②③のいずれに力点をおくかは、課題の特性によっても異なり、また市民、長・議員の価値意識によっても変わります。

このため、情報の不完全性とあいまって、市民、また長・議会あるいは職員の間を交錯しながら考え方のズレがおこります。このズレから、かならず〈調整〉が必要とならざるをえません。複数政党制はここからきます。議会多数決を制度前提として、調整にもとづく妥協が、「合意」として、その政策の正統性ないし最適性の保障となります。市民参加ついで長・議会による制度手続をふまえたこの合意が、ついで法制・予算というかたちで制度化されなくては、政策は空文にすぎないわけです。

経済学や社会学でいう最適政策も、その最適性は模型図式としての理論想定つまり幻想にとどまるため、実際にはありえません。現実には、情報公開による〈予測と調整〉の手続としての《政治》による妥協が問われるわけです。最後は、図7のように、暗中飛躍としての個々人の決断をふまえた長・議会をめぐる《政治》としての「制度決定」となります。

政策のたえざる見直し・政策評価

図7をふまえた図10となるのですが、状況がたえず変化するかぎり、政策のたえざる見直しとしての「政策評価」もまたたえず必要となります。

とくに、特定の政策・制度をめぐる予測と調整には、ミクロ・マクロ、あるいは短期・長期の視点からみるとき、さまざまな相矛盾する緊張をはらむため、事前・事後を問わず政策評価につねにとりくまざるをえません。この政策評価ないし政策決定については、かならず政治対立つまり党派対立がおきるため、その調整手続も問われるわけです。この対立が決定的となるとき、最後には、かつては革命、今日では基本法手続としての選挙による政府交替となります。

ですから、「政策・制度型思考」は「科学型思考」とは構造が異っているわけです。政策・制度型思考を科学型思考と同型と考えがちですが、これは科学信仰からくるので、まちがいです。科学は、政策・制度型思考にとっては、くりかえしますが、図6―〔2〕のように情報レベルにとどまります（拙著『政策型思考と政治』7章1節・政策の党派性と「科学」、一九九一年、東大出版会参照）。

図10　政策評価の手続と主体

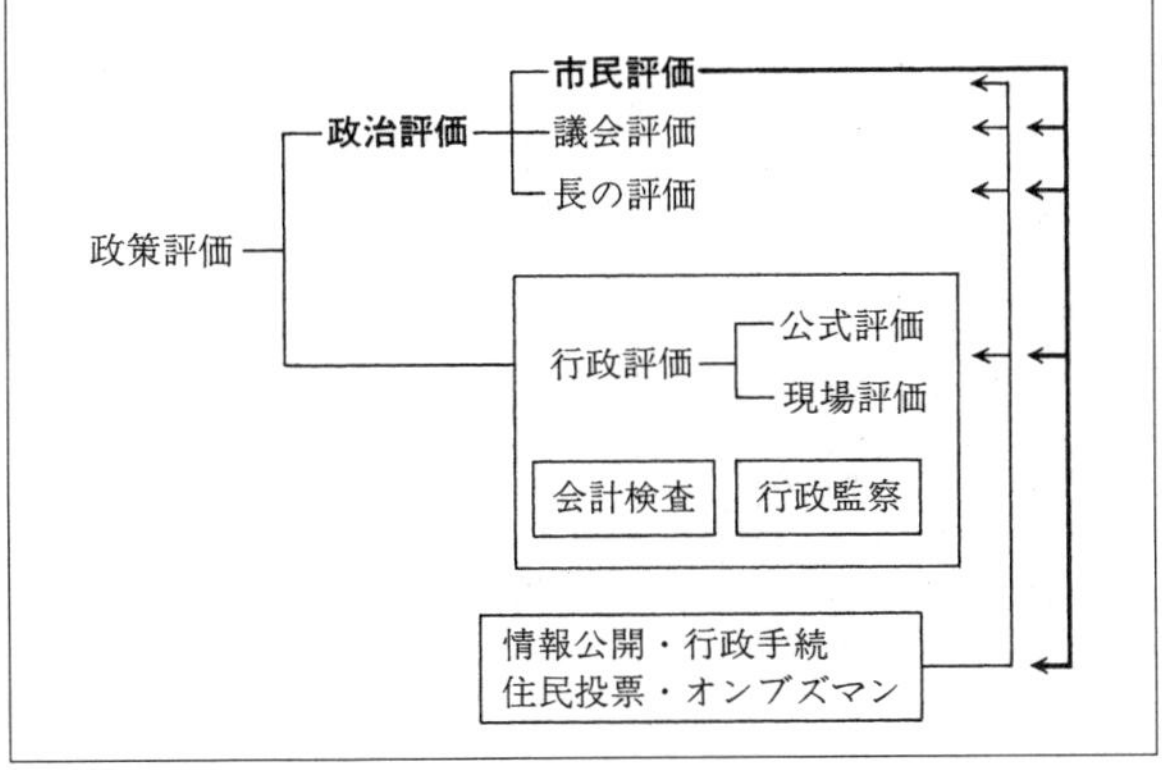

政策評価については、これまでもプラン・ドゥ・シーのシーとして理論化されてきました。けれども、もう一般論の時代ではありません。自治体の財政緊迫の今日、政策の見直しないしスクラップ・アンド・ビルドへの合意を準備する政策評価が不可避となっています。

とくに、今日の自治体での政策評価には、（1）財務をふくめた情報公開　（2）自治体戦略としての自治体長期・総合計画の確立が基本となります。政策評価だけがこの（1）（2）をはなれて独善のかたちで一人歩きはできません。この（1）（2）をふまえてはじめて、政治・行政の透明性、さらに政策の公平性・効率性・効果性を議論しうる条件もうまれることになります。

総合計画・中間計画・個別施策

なお、ここで、政策は図6—〔3〕にみるように、「計画」と「施策」とに分化することにも留意しておく必要があります。長期・総合計画は個別施策をワクづけますが、長期・総合計画の実現には個別施策の開発なくしてはありえないという、その間のたえざる緊張関係となります。

そのうえ、一九九〇年代以降となれば、図5でみたように、自治体の長期・総合計画と個別施策の間に課題別・地域別の〈中間計画〉が必要となっています。この中間計画の策定には、個別施策をめぐる法制・原価計算・技術に習熟している必要がありますので、もう従来型の企画課ではつくれず、専門性をもつ部課レベルにおける、前述のプロジェクト・チームによる策定となります。さらに長期・総合計画もこの中間計画を前提とするため、すでにのべましたように、企画分権がここからも必要となるのです。

政策の構成は、一般に「目的」実現のための「手段」動員といえます。だが、先発国で都市型社会が成熟するとき、政策づくりはナイナイづくしの中発国段階のような新開発型の「夢」を目的としてえがくユートピアニズムを意味しなくなりました。成熟した都市型社会の政策は、課題つまり客観的にせまられている個別の〈必要〉にたいする解答をめざした微調整型のリアリズムこそが要請されます。とくに、今日の財政緊迫の解決には少くとも一〇年の時間がかかるとともに、財源の自然増も期待できないため、「新規」の政策資源はかぎられてきます。

「既成」の政策資源の再編、つまりスクラップ・アンド・ビルドによる政策資源の《再活性化》こそが、都市型社会における政策・制度開発の基本課題となります。つまり、スクラップこそがビルドであるという関係を再確認することが、まず出発点となります。たえず、日常として、いわば「創造的破壊」が不可欠となったのです。そこでは、①過剰な施策、②重複する施策、③老化した施策のスクラップこそが、はじめて既成の政策資源の再活性化となる施策のビルドをうみだすわけです。

スクラップ・アンド・ビルドという政策再編は、同時に行政組織の改革ないし職員の配置転換を当然ともなうことは、すでに第1章でのべました。それゆえ、政策資源の再活性化はたしかに今日の自治体の水膨れ体質の再構築という急務そのものです。すでに国の省庁は、財政破綻をみるだけでなく、この行政改革ないし政策再編を先送りして、行政の「劣化」を露呈したではありませんか。自治体も今日、この行政の「劣化」についてはおなじ状況にあります。

もちろん、この市町村、県の行政改革ないし政策再編は、さらに国の政治・行政のくみかえと直接、間接に連動していきますが、そこでは各政府レベルをめぐって、市民の政治熟度、長・議会の政治見識、また職員の行政熟達こそが要請されます。政治・行政では、結局、ミクロには「人」の力量・品性問題になることを確認せざるをえないといえます。

とくに、各政府レベルをとおして、行政職員は個人としても組織としても、今日、次のような矛盾の集約となっています。

①市民と長・議会との間の板バサミ
②幹部職員と一般職員、縦割組織と横割組織、公式組織と非公式組織の対立という三緊張
③職員訓練をめぐるゼネラリストかスペシャリストかの問直し、とくに資格職の見直し
④行政の一般準則と個別ケースとの間にたえずのこる距離をめぐる職員個人の判断責任
⑤社会変動の加速化のためにおこる政策・制度のスクラップ・アンド・ビルド

この意味で、自治体レベルでも職員組織は、国レベル、国際機関レベルと同型の緊張をもちます。しかも、国の内閣官房や省庁も、すでに市民型見識をもった専門家を必要とし、いわゆるキャリヤ官僚だけではもう官僚組織が「持続可能」ではなくなっています。この緊張は、国、国際機構以上に自治体では、市民参加手続によってたえず市民から見られているがゆえに、よりきびし

くなっています。このため、市民型専門家の途中採用をめぐって、終身雇用、年功賃金を想定するこれまでの自治体職員組織ないし『地方公務員法』の抜本改革がせまっているとみなければなりません。

最後に、地域特性をもちますが、市民活動レベルから自治体政府レベルまでをつらぬく自治体の五課題を確認しておきます。

（1）市民の参加型自発性の結集
（2）シビル・ミニマムの公共保障
（3）地域経済力をともなう都市・農村整備
（4）政治・経済・文化の分権化・国際化
（5）自治体機構の透明化・効率化・効果化

この五課題のたえざる再確認こそが、市民活動ついで自治体政府の活力源となっていきます。

（本稿は、二〇〇〇年五月二七日、北海道大学法学部八番教室で開催された地方自治土曜講座での講義内容をもとに、全面的に書下ろしたものです。）

著者紹介

松下　圭一（まつしたけいいち）
法政大学名誉教授
1929年生まれ、福井県出身。元日本政治学会理事長、元日本公共政策学会会長
【主著】「シビル・ミニマムの思想」（東大出版会）［毎日出版文化賞］。「市民参加」（編著）（東洋経済新報社）［吉野作造賞］。「政策型思考と政治」（東大出版会）［東畑精一賞］。また、「都市政策を考える」、「市民自治の憲法理論」、「日本の自治・分権」、「政治・行政の考え方」、「自治体は変わるか」（いずれも岩波新書）など多数

刊行のことば

「時代の転換期には学習熱が大いに高まる」といわれています。今から百年前、自由民権運動の時代、福島県の石陽館など全国各地にいわゆる学習結社がつくられ、国会開設運動へと向かう時代の大きな流れを形成しました。学習を通じて若者が既成のものの考え方やパラダイムを疑い、革新することで時代の転換が進んだのです。

そして今、全国各地の地域、自治体で、心の奥深いところから、何か勉強しなければならない、勉強する必要があるという意識が高まってきています。

北海道の百八十の町村、過疎が非常に進行していく町村の方々が、とかく絶望的になりがちな中で、自分たちの未来を見据えて、自分たちの町をどうつくり上げていくかを学ぼうと、この「地方自治土曜講座」を企画いたしました。

この講座は、当初の予想を大幅に超える三百数十名の自治体職員等が参加するという、学習への熱気の中で開かれています。この企画が自治体職員の心にこだまし、これだけの参加になった。これは、事件ではないか、時代の大きな改革の兆しが現実となりはじめた象徴的な出来事ではないかと思われます。

現在の日本国憲法は、自治体をローカル・ガバメントと規定しています。しかし、この五十年間、明治の時代と同じように行政システムや財政の流れは、中央に権力、権限を集中し、都道府県を通じて地方を支配、指導するという流れが続いておりました。まさに「憲法は変われど、行政の流れ変わらず」でした。しかし、今、時代は大きく転換しつつあります。そして時代転換を支える新しい理論、新しい「政府」概念、従来の中央、地方に替わる新しい政府間関係理論の構築が求められています。

この講座は知識を講師から習得する場ではありません。ものの見方、考え方を自分なりに受け止めてもらう。そして是非、自分自身で地域再生の自治体理論を獲得していただく、そのような機会になれば大変有り難いと思っています。

「地方自治土曜講座」実行委員長
北海道大学法学部教授　森　啓

（一九九五年六月三日「地方自治土曜講座」開講挨拶より）

地方自治土曜講座ブックレットNo. 60

転型期自治体の発想と手法

２０００年１０月１６日　初版発行　　定価（本体９００円＋税）

著　者　松下　圭一

企　画　北海道町村会企画調査部

発行人　武内　英晴

発行所　公人の友社

〒112-0002　東京都文京区小石川５－２６－８

ＴＥＬ０３－３８１１－５７０１

ＦＡＸ０３－３８１１－５７９５

振替　００１４０－９－３７７７３